Jost Wetter-Parasie
Luitgardis Parasie

Nie mehr unter Wert!

Schritte zu mehr Selbstbewusstsein

W0197401

BRUNNEN

VERLAG GIESSEN · BASEL

Mary Dreßler

© 2006 Brunnen Verlag Gießen
www.brunnen-verlag.de
Lektorat: Petra Hahn-Lütjen
Umschlagmotiv: Corbis
Umschlaggestaltung: Olaf Johannson
Satz: DTP Brunnen
Herstellung: St.-Johannis-Druckerei, Lahr
ISBN 978-3-7655-1386-2

Inhalt

Aufrecht und selbst-bewusst – Einleitung	6
Die Waschfrau	10
Was Menschen stark macht	15
Vier Säulen des Selbstbewusstseins	21
Selbstakzeptanz – Ich mag mich	23
Ich achte auf meine Bedürfnisse	32
Ich gehe liebevoll mit mir um	35
Mir steht etwas zu	40
Selbstvertrauen – Ich bin stolz auf mich	42
Soziale Kompetenz – Ich sorge für dich und mich	50
Ich trete für meine Rechte ein	56
Neinsagen will gelernt sein	60
Ich gehe auf andere zu	66
Wie ein Mensch soziale Kompetenz lernt – Ein Ausflug in die Neurobiologie	69
Soziales Netz – Ich bin wichtig	75
Der Preis des Selbstbewusstseins	81
Motivation durch gute oder schlechte Noten?	84
Unbekömmliche Überdosis – Wie „zu viel" Selbstbewusstsein wirkt	87
Vom Veilchen im Moose zur Rose	94
Das haben meine Eltern gut gemacht	101

Grundstimmung fröhlich: Das Kind entdeckt sein Selbst 107

Zachäus – klein aber oho 115

Das Geheimnis des Gelingens 119

Königin Wasti: Einsatz mit zu hohem Risiko 119

Königin Ester: Durch Gottvertrauen abgefedert 120

Mensch vor Gott 126

Danke 129

Anmerkungen 133

Aufrecht und selbst-bewusst – Einleitung

Mehr geht nicht
als aufrecht zu gehen
vom Mut getragen
du selbst zu sein
Schritt um Schritt
den Blick zu schärfen
für die Fähigkeit
zum aufrechten Gang
ANNEMARIE SCHNITT

Flughafen Hannover-Langenhagen. Neben mir, vor dem Abfertigungsschalter des Fluges Hannover – London, stand sie: die perfekt durchgestylte Frau. Teurer Haarschnitt, grauer Hosenanzug, elegante Pumps, Laptoptasche. Sehr gerade Haltung, kühl und beherrscht, souveränes Auftreten. Der Inbegriff von Selbstbewusstsein. Ich kam mir mickerig und spießig vor in Jeans und bequemen Sportschuhen, mit Kind und Rucksack im Schlepptau. Wartend auf die Stewardess, die meine achtjährige Tochter ins Flugzeug begleiten sollte. Ihre Bordkarte mit dem ihr zugewiesenen Sitz hielt sie in der Hand. Sie flog alleine zu ihrer Tante. Nebenan hörte ich die Lufthansa-Angestellte am Schalter zu der Durchgestylten sagen: „Tut mir Leid, die Maschine nach London ist überbucht, Sie können nicht mehr mitfliegen." Doch die Frau ließ sich nicht im Geringsten aus dem Konzept bringen. „Das ist Ihr Problem", erklärte sie völlig unbeeindruckt, „ich habe diesen Flug gebucht und werde mit dieser Maschine nach London fliegen, heute Nachmittag habe ich dort einen wichtigen geschäftlichen Termin. Sehen Sie zu, wie Sie das lösen." Die Lufthansa-Angestellte war verunsichert. Sie ging nach hinten, flüsterte mit einer Kollegin, rief den Piloten an. Schließlich kam sie zurück und erklärte: „Wir werden den Notsitz hinten besetzen, dann können Sie noch mitfliegen."

Als ich abends mit meiner Schwester in London telefonierte, erfuhr ich, wer auf dem Notsitz gesessen hatte: unsere Achtjährige! Sie war als Letzte von der Stewardess ins Flugzeug begleitet worden, und da waren bereits alle Sitze besetzt. Die Geschäftsfrau hatte sich mit größter Selbstverständlichkeit auf den Platz unserer Tochter gesetzt, und die Stewardess hatte nicht gewagt, sie wieder von dem Platz zu verscheuchen.[1]

Bewundernswert. Bewundernswert? Mal ehrlich: Möchten Sie so selbstbewusst sein?

Zeugt es von Selbstbewusstsein, wenn jemand über Leichen geht, rücksichtslos alles beiseite schiebt und nur die eigenen Interessen verfolgt? Wenn jemand Bedürftigkeit und Versagen nicht zulässt und grundsätzlich gewinnen muss? Wenn eine meint, Schwäche nicht zeigen zu dürfen und sich immer als Starke präsentiert? Beliebt sind solche Menschen nicht, sondern eher gefürchtet. Und vielleicht steckt hinter der Fassade ja auch ein ganz unsicheres Ich, das es nicht ertragen kann, nicht immer auf der Gewinnerseite zu stehen. Das womöglich aus purer Verzweiflung die Flucht nach vorn antritt. Denn mit Würde auch mal verlieren zu können, dazu gehört ein noch viel größeres Selbstbewusstsein.

In den 50er- und 60er-Jahren des letzten Jahrhunderts wurde vielen Mädchen ins Poesiealbum geschrieben: „Sei wie das Veilchen im Moose, bescheiden, sittsam und rein, und nicht wie die stolze Rose, die immer bewundert will sein." Ist das die Alternative? Meine Töchter schüttelten sich aus vor Lachen, als ich ihnen im Zusammenhang dieses Buchprojektes das Sprüchlein aufsagte.

Kaum eine junge Frau heute kennt es, und wenn sie es hört, löst es ungläubiges Kopfschütteln aus. Aber im letzten Jahrhundert prägte es eine ganze Generation.

„Vom Veilchen im Moose zur Rose", das war lange Zeit mein Favorit für den Buchtitel. Aber er erntete nur Hohn und Spott bei unseren Kindern, und außerdem meinte mein Sohn, „sollen dies Buch doch nicht nur Frauen lesen! Auch Männer haben Probleme mit ihrem Selbstbewusstsein, das äußert sich nur anders als bei Frauen."

Wie finden wir das richtige Maß an Selbstbewusstsein? Nicht wie das Veilchen im Moose, aber auch nicht rücksichtslos, arrogant und alles niedermähend.

Selbst-Bewusstsein, das heißt sich seiner selbst bewusst sein. Seiner Schwächen und Stärken, seiner Wünsche und Bedürfnisse. Nicht funktionieren und reagieren, sondern Verantwortung übernehmen und Entscheidungen treffen. Ein ausgewogenes Selbstbewusstsein ruht auf vier Säulen. Durchsetzungsfähigkeit gehört dazu genauso wie soziale Kompetenz, sich selbst mögen und gut für sich sorgen wie auch die anderen im Blick haben. Alle Menschen verfügen über die Grundsteine. Die Säulen selbst sind bei jedem Menschen jeweils unterschiedlich stark ausgeprägt, und je mehr eine Seite unterentwickelt ist, desto mehr bekommt das Lebensgebäude Schlagseite und wird schief. Dieses Buch hilft Ihnen, Ihre verkümmerte Säule zu erkennen und aufzubauen.

Zu meiner Kirchengemeinde gehört eine alte romanische Klosterkirche. Sie ist im Inneren ganz schlicht. Herausragendes Merkmal sind die gewaltigen runden Säulen, die die Gewölbekonstruktion tragen. Aus schwerem Stein, massiv, unerschütterlich. Fest auf dem Boden stehend, nach oben ausgerichtet, Halt gebend, bergend. Miteinander verbunden und aufeinander angewiesen: Alle Säulen stützen gemeinsam diese wunderbare Kirche – einen Raum, der das Herz berührt. In dem Jahrhunderte lang gebetet wurde, wo Menschen still wurden, Frieden und Geborgenheit fanden. Gott begegneten.

Unsere Kirchenpädagogin hat mal eine Säulenmeditation in dieser Kirche durchgeführt. Die wuchtigen Säulen im Blick, erspürten wir den festen Untergrund unter unseren Füßen, wurden gerade und aufrecht. Waren ganz bei uns selbst, und waren zugleich über die Rundbögen mit den anderen Säulen verbunden, mit denen wir gemeinsam das Gebäude trugen. Fühlten Stärke, die nicht allein von uns selbst kam, hatten das Gefühl: Wir können tragen, und wir werden gleichzeitig getragen.

Festen Grund unter den Füßen und vier Säulen, die das Selbstbewusstsein tragen: Daraus entsteht ein Lebenshaus, in dem wir selbst zur Ruhe kommen und in dem auch andere sich sicher und geborgen fühlen.

Die Waschfrau

„Die anderen gehen vor." So hat Anne (Namen von den Autoren geändert) es von Kindheit an eingeimpft bekommen. Immer an sich selbst zuletzt denken – diese Lebenseinstellung ist ihr quasi in Fleisch und Blut übergegangen. Und so hat sie den Mund gehalten, als die Schwiegereltern alles bestimmten, hat sich nach den Wünschen ihres Mannes gerichtet, hat den Kindern alles gegeben. Eigene Wünsche zu haben, empfand sie als unberechtigt. Die Kinder sind mittlerweile erwachsen und verdienen selbst Geld. Sie geht putzen, damit ihr Mann und sie finanziell über die Runden kommen. Doch wenn die Kinder mit ihrem Geld nicht auskommen, stopft sie die Löcher, gibt von ihrem mühsam erarbeiteten Putzgeld ab. Wenn der Mann beim Fasching das Geld auf den Kopf haut und vertrinkt, macht sie dazu eine gute Miene. „Die andern gehen vor."

In den letzten Jahren leidet sie zunehmend unter Selbstzweifeln und Depressionen. In Gesprächen wagt sie erstmals, ihre Gefühle genauer unter die Lupe zu nehmen. Wenn sie mal nicht tut, worum sie gebeten wird, kommt sie mit ihrem schlechten Gewissen nicht zurecht. Aber wenn sie alles hergibt, auch dann, wenn sie eigentlich mit ihrem Geld oder ihrer Zeit etwas anderes vorhatte, empfindet sie oft innerlich eine große Ohnmacht, und danach kommen die Depressionen. Sie fühlt sich dann vollkommen wertlos.

Irgendwann kommt eine Geschichte in ihr hoch, die sie in ihrer Schulzeit gelesen hat. Sie handelt von einer armen Waschfrau, die sich für ihren einzigen Sohn aufopfert, sich die Hände wund wäscht, alles für ihn tut, denn er soll es einmal besser haben als sie selbst. Der Sohn macht Abitur, studiert, bringt es zu etwas im Leben. Eines Tages besucht er seine Mutter. Als die ihn dann zum Abschied wieder zum Bahnhof bringt, fragen ihn seine Kommili-

tonen hinterher im Abteil: „Sag mal, wer war denn die Frau, die dich da an den Zug gebracht hat?" Und er schämt sich seiner Mutter und antwortet: „Das ist meine Waschfrau."

Was ist wichtig, um sich selbst wertzuschätzen? Je nach kultureller Umgebung, Freundeskreis und Lebensalter können das ganz verschiedene Dinge sein. Selbstbewusstsein ist eine fragile Sache, und manchmal kann es in Sekunden zerstört werden. Die Journalistin Carola Stern, der wohl niemand mangelndes Selbstbewusstsein bescheinigen würde, beschreibt in ihrer Autobiografie, wie sie als über 70-Jährige wegen monatelanger Schmerzen einen Orthopäden aufsucht. Sie muss eine entwürdigende Behandlung über sich ergehen lassen. Ihr Fazit: „Ungleich schneller als meine Schmerzen bin ich mein Selbstbewusstsein los ... Weinend gehe ich nach Hause." Einfach weil sie sich nicht ernst genommen und von oben herab behandelt fühlte. Erst durch das Aufschreiben dieses Erlebnisses fand sie wieder zu ihrem inneren Gleichgewicht.[2]

Doch nicht nur Ereignisse von außen bringen unser Selbstbewusstsein zum Kippen. Manchmal tun wir selbst am meisten, um es zu destabilisieren.

Ein Killer für das Selbstwertgefühl ist chronische Überforderung. Wer immer nur gibt, muss sich nicht wundern, wenn er sich eines Tages wie ein abgetretener Fußlappen vorkommt – und auch von anderen so behandelt wird. Wenn ich mich selbst schlecht behandele, werden sich auch andere eher erlauben, mich schlecht zu behandeln. Das hat Anne über Jahre erlebt. Je mehr sie auf ihre Familie Rücksicht nahm, desto mehr nahm die sich heraus. Weil Anne sich nie wehrte, hatten die anderen den Eindruck: „Ach, mit Anne können wir es ja machen, der macht das nichts aus. Die tritt gerne zurück und ist immer noch freundlich und nett dabei."

Auch wer beruflich überfordert ist, hat es schwer, sich selbst gut zu finden und mit sich zufrieden zu sein. Deshalb hat etwa ein kompetenter Maurer höhere Chancen auf ein zufriedenes Dasein als eine Lehrerin, die sich bei den Schülern nicht durchsetzen kann.

Das Gleiche gilt für Menschen, die unterfordert sind. Es knabbert am Selbstwertgefühl, wenn man Übersetzerin ist und lediglich die Post im Büro sortieren darf.

Auch Anne fühlte sich mit ihrem Putzjob unterfordert. Sie liebte zwar Hausarbeit, aber sie spürte in sich noch andere Fähigkeiten.

Im besten Fall entspricht das berufliche Anforderungsprofil der Persönlichkeit und dem Können – dann leidet das Selbstbewusstsein nicht.

Gesunder Idealismus hebt das Selbstwertgefühl und erhöht die Achtung vor sich selbst. Wer bestimmte Werte hat und dafür lebt, hat eher das Gefühl, ein sinnvolles Leben zu führen. Idealisten tun alles Mögliche: Sie beaufsichtigen nachmittags Kinder, arbeiten in einer Besuchsdienstgruppe oder der Jugendarbeit der Kirchengemeinde mit, engagieren sich bei Caritas, Deutschem Roten Kreuz, Amnesty International, in der CDU-Frauengruppe oder im SPD-Ortsverein – das „Wo?" ist dem Selbstbewusstsein egal.

Selbstwertschätzung ist eine sehr subjektive Haltung. Der Psychologe William James[3] hat sie bereits 1890 auf eine einfache Formel gebracht:

Selbstwertschätzung = Erfolg : Ansprüche.

Wer geringe Ansprüche an sich stellt, wird sich demzufolge also mehr wertschätzen als jemand, der seine hohen Ziele kaum erreichen kann. Positiv fürs Selbstwertgefühl wirkt sich aus, wenn man auf das schaut, was man hat und kann. Es ist gesünder als darüber nachzudenken, was man nicht kann. Das haben Studien herausgefunden.[4] Menschen, die sich sehr kritisch ansehen und sich vorwiegend mit ihren Schwächen beschäftigen, tun ihrem Selbstbewusstsein einen schlechten Dienst.[5] Wer sich wertschätzt, achtet mehr auf seine Stärken. Wenn ich in der Psychotherapie den Eindruck habe, das Selbstwertgefühl einer Ratsuchenden stärken zu müssen, dann lenke ich ihre Aufmerksamkeit auf das, was sie an Fähigkeiten besitzt. Ich versuche mit ihr zusammen herauszuarbeiten, was ihr im Leben schon alles gelungen ist. Neuere psychotherapeutische Ansätze arbeiten zunehmend in diesem Sinne ressourcenorientiert.

Anne kam mit ihrer selbstlosen Haltung komplett in die Krise, als ihr Mann sich in der Kur in eine andere Frau verliebte. Das versetzte ihrem Selbstbewusstsein zunächst den Todesstoß, so schien es. Sie fühlte sich schlimmer als die Waschfrau aus der Geschichte. Aber gerade in dieser Lebenskrise erwachte ihr Kampfgeist. Ihr wurde klar, wie ungeheuer viel sie in die Beziehung und die Familie investiert hatte – und nun wurde sie so schlecht behandelt. Sie spürte neben der Ohmacht auch Wut in sich aufkeimen, und mit der Wut wuchs ihre Stärke. Das setzte Kräfte frei, die ihr ermöglichten, sich ganz anders zu verhalten, als sie es gewohnt war.

Der Mann kam fröhlich beschwingt aus der Kur zurück und wollte nun an den Wochenenden seine neue Flamme und deren Mann besuchen, gemeinsam mit Anne. Anne ging auf die Palme. Ihr wurde klar: Was habe ich mir jahrelang alles bieten lassen, dass mein Mann es nun überhaupt wagt, mir einen solchen Vorschlag zu unterbreiten! Das äußerte sie auch ganz deutlich. Es gab heftigen Streit, mehrere Wochen lang, wie sie ihn noch nie in ihrer Ehe gehabt hatten. Am Ende gab der Mann nach. Er respektierte, dass Anne auch keine „platonische" Beziehung zu der anderen Frau tolerieren würde.

Anne begann nun auch in anderen Bereichen ihre Wünsche zu

äußern. Das führte zu mehr Konflikten als früher. Aber sie erlebte auch, dass ihre Familienmitglieder durchaus bereit waren, ihr ihren Raum zuzugestehen, ihr Freiräume zu gönnen, etwas für sie zu tun. Anne fing an, sich in ihrer Kirchengemeinde zu engagieren. In einem Frauengesprächskreis fand sie Unterstützung. Sie begann beim Besuchsdienst mitzumachen. Diese Tätigkeit erlebte sie als sehr sinnvoll, und ihr Selbstbewusstsein wuchs, als sie merkte, wie gut sie auf die Menschen zugehen konnte und wie gut sie bei den alten Menschen ankam. Wenig später suchte der Pastor eine nebenberufliche Sekretärin für fünf Wochenstunden und fragte Anne, ob sie sich das vorstellen könnte. Anne hatte früher Rechtsanwalts- und Notariatsgehilfin gelernt. Sie war über 20 Jahre aus dem Job raus. Aber der Pastor ermutigte sie, es zu versuchen. Sie belegte erst mal einen Computerkurs. Nach einem halben Jahr hatte sie sich in alle wesentlichen Bereiche des Kirchenbüros eingearbeitet. Sie war wie ausgewechselt: Ihre Depressionen verschwanden fast vollständig, und sie kann heute mit Stolz auf das blicken, was sie alles geschafft hat. Ihre schwere Ehekrise hat zu einem neuen Miteinander geführt, in dem sie klarer auch mal Forderungen stellt und ihr Mann sie mit mehr Achtung behandelt. Nach wie vor ist Anne ein sehr gutmütiger und hilfsbereiter Mensch. Aber sie hat gelernt, nun auch gut zu sich selbst zu sein.

Die „Waschfrau"-Haltung ist entgegen allem Augenschein keine christliche. Denn bei Gott zählt der einzelne Mensch sehr viel. Auch dieser Gedanke gab Anne Kraft. Vor Gott, das erlebte sie erstmals, kann ich meine Bedürfnisse im Gebet aussprechen und werde dafür nicht schief angesehen, er nimmt mich ernst. „...weil du in meinen Augen so wert geachtet und auch herrlich bist und weil ich dich lieb habe", dieses Bibelwort aus dem Propheten Jesaja konnte sie auf sich beziehen. In ihr, die sich selbst nicht achtete und nichts zutraute, wächst mehr und mehr das Bewusstsein: Vor Gott bin ich wer. Mir steht etwas zu im Leben, ich habe Anspruch auf ein eigenes, unverwechselbares Leben, das nicht konturlos ist und in den Leben anderer total aufgeht.

Was Menschen stark macht

*Unser Selbstvertrauen kann nur so stark sein
wie unser Vertrauen, dass unser Leben Sinn hat.*
ERNST FERSTL

Beate war das einzige Kind ihrer Eltern und wuchs in den ersten vier Lebensjahren in Polen auf. Als die Familie nach Deutschland übersiedelte, fühlte sie sich fremd im deutschen Kindergarten, war scheu und verschlossen. In der ersten und zweiten Klasse hatte sie Probleme mit dem Schreiben und der Feinmotorik. Ihre Mutter wollte aber aus ihr ein Vorzeigekind machen und übte mit ihr den ganzen Nachmittag die Schulaufgaben. „Es war schrecklich. Alle anderen Kinder durften draußen spielen. Ich musste Schularbeiten machen und mit Mutter lernen. Machte ich einen Fehler zum zweiten Mal, dann schrie Mutter mich an, und manchmal rutschte ihr auch die Hand aus. Meine Kindheit war nicht die schönste Zeit meines Lebens", resümiert sie. „Es ging so bis zum Schulabschluss mit 16 Jahren. Hatte ich eine Zwei mit nach Hause gebracht und dachte, Mutter würde mich loben, fuhr sie mich an, warum es keine Eins sei, wo sie doch so mit mir gelernt habe. Sie sei von mir enttäuscht. Ich war nie gut genug, hielt mich für häss-

lich und böse", so berichtet mir Beate mit 35 Jahren. Mutter habe die Rocklänge vorgegeben, immer nur unterhalb des Knies. Keine ihrer Klassenkameradinnen lief so rum. Sie schämte sich. Heimlich wickelte sie den Rock in der Schule ein wenig höher. Dafür hatte sie aber ein schlechtes Gewissen. Noch mit 35 Jahren findet Beate ihren Körper nicht schön und ihre Beine und ihren Po zu dick. Dabei ist sie eine durchaus attraktive junge Frau. Sie kleidet sich aber burschikos mit Hosen und weiten Blusen. Röcke trägt sie nie, denn dann würden ja alle ihre dicken Beine sehen. „Wie fand Vater Sie denn, hat er Sie mal gelobt und Mutters Ehrgeiz etwas entgegengesetzt?", frage ich sie. „Nein, Vater hat das Theater mit den Schulaufgaben nicht mitbekommen. Er war im Grunde nie da. Er interessierte sich eigentlich nicht für mich." Als Mutter sie mit 16 Jahren wieder einmal schlagen wollte, fiel Beate ihr in einem Anflug von Wut in den Arm und schrie sie an: „Das tust du nie wieder!" Mutter war geschockt und versuchte seitdem nie mehr, Beate zu schlagen.

Beate hat sich zum Gespräch bei mir angemeldet, weil sie in ihrer jungen Ehe häufig das Gefühl erlebt, neben sich zu stehen, wie in Watte gepackt. Sie ist sich dann so unsicher, ob es richtig ist, was sie macht. Das drückt sich auch in ihrer Berufswahl aus. Sie hat gleich zwei Berufe erlernt: erst Krankenschwester, dann Ergotherapeutin. Trotz ihrer hohen Kompetenz fühlt sie sich immer unsicher und inkompetent. Sie lese das ganze Wochenende in Fachbüchern nach, um ja alles richtig zu machen bei ihren Patienten. Sie wirkt gehetzt, selbstunsicher und bedrückt. „Ich will immer alles hundertfünfzigprozentig machen", sagt sie mir, „aber ich merke, dass ich meinem Perfektionismus nicht gerecht werde. Er hindert mich am Leben."

Sich selbst zu akzeptieren, lernt man nicht von heute auf morgen. Viel Einfluss darauf hat die Familie, in der man aufwuchs. Wurde ich als Kind geliebt, so wie ich bin, als ein Original der Schöpfung, oder bekam ich nur Anerkennung, wenn ich etwas geleistet hatte? Hatte ich das Gefühl, wertgeschätzt zu werden, auch wenn ich nicht so hübsch oder sportlich war wie andere Kinder? Dieser frühe Einfluss prägt uns. Menschen, die in ihrer Kindheit ohne Wenn und Aber anerkannt und geliebt wurden, haben erheblich weniger Probleme mit mangelndem Selbstbewusstsein als solche, die sich als Kind nie richtig akzeptiert fühlten.

Erinnern wir uns an die Formel für Selbstwertschätzung: Selbstwertschätzung = Erfolg : Ansprüche.

Beates Ansprüche an sich sind durch ihre Kindheit und die überzogen ehrgeizige Mutter sehr hoch. Daran gemessen fallen ihre Erfolge vergleichsweise niedrig aus. Deshalb fällt es ihr schwer, sich gut zu finden.

Beate spürt genau, dass ihr Perfektionismus sie hindert, glücklich zu werden. Sie möchte lernen, ihre überhöhten Ansprüche herunterzuschrauben und stattdessen sich selbst mehr wertzuschätzen. Dabei ist es auch wichtig, Fehler zu akzeptieren und eben nicht perfekt sein zu wollen. Denn Fehler sind nicht in erster Linie Hinweise auf Unzulänglichkeit, sondern zeigen Möglichkeiten, neue Erfahrungen zu machen.

In einem Pub in Dublin lasen wir über dem Tresen ein Zitat von Samuel Beckett: „Have you ever tried? Have you ever failed? Try again. Fail again. Fail better." – Hast du es jemals versucht? Hast du jemals Fehler gemacht? Versuch es wieder. Mach wieder Fehler. Mach bessere Fehler! Was für ein ermutigender Umgang mit Fehlern! Lernen durch trial und error, durch Versuch und Irrtum, bringt Menschen weiter, hilft ihnen nach neuen Lösungen zu suchen. Fehler sind nicht die ultimative Katastrophe, sondern ein Entwicklungsschritt. Sie bringen Menschen dazu, ihre Stärken zu entwickeln. Wer ein niedriges Selbstwertgefühl hat, neigt hingegen dazu, sich vorwiegend mit den eigenen Schwächen zu beschäftigen, statt Fehler konstruktiv auszuwerten. Auch Beate muss lernen, ihre Fehler als Chancen zu sehen und nicht als Versagen.

Wer sich wertschätzt, lernt auf seine Stärken zu achten.

Menschen beziehen ihr Selbstbewusstsein aus ganz unterschiedlichen Quellen. Manche dieser Quellen sind vergänglich, wie z. B. äußere Attraktivität und Sportlichkeit. Andere sind relativ beständig. Frauen und Männer, die attraktiv aussehen, neigen manchmal dazu, ihr Selbstwertgefühl an ihrem äußeren Erscheinungsbild festzumachen.

Jugendlichen ist die Anerkennung durch Gleichaltrige und ihr Aussehen sehr wichtig. Ist ein Teenager mit seinem Äußeren unzufrieden, dann beeinflusst das sehr stark seine Unzufriedenheit mit sich insgesamt. Dabei spielen objektive Kriterien weniger eine Rolle als die subjektiv empfundene Attraktivität. „Es sind nicht unbedingt die attraktivsten Kinder, die sich in ihrer Haut am wohlsten fühlen, und viele gut aussehende Mädchen sind mit ihrem Körper sehr unzufrieden." [6]

Die amerikanischen Psychologen Berscheid und Walster untersuchten bereits 1974 zwei Gruppen von Frauen: zum einen Frauen, die in jungen Jahren außergewöhnlich gut ausgesehen hatten und ihrem Schönheitsideal entsprochen hatten; zum Zeitpunkt der Untersuchung jedoch waren sie älter geworden und weniger attraktiv. Zum anderen Frauen, die in jungen Jahren eher durchschnittlich ausgesehen hatten und sich beizeiten stabilere Selbstwertquellen erschließen mussten. [7] Die zweite Gruppe wies eine erheblich höhere Selbstwertschätzung auf als die erste. „Der Versuch, die vergängliche Selbstwertquelle Schönheit zu bewahren, manifestiert sich in Schönheitsoperationen und Anti-Aging-Präparaten." [8]

Je mehr Quellen Menschen haben, aus denen sie Selbstbewusstsein schöpfen können, desto widerstandsfähiger sind sie gegenüber Angriffen von außen. Selbstwertforscherin Astrid Schütz hat Menschen befragt, wodurch ihr Selbstbewusstsein gestärkt wird. In einer großen Interviewstudie stellte sie die fünf wichtigsten Punkte zusammen:[9]

1. Am häufigsten werden Erfolge und individuelle Fähigkeiten genannt. Erfolg im Beruf wird als sehr wichtig angesehen. Arbeitslos zu sein, kränkt das Selbstwertgefühl erheblich. – Individuelle Fähigkeiten sind z. B. künstlerische Begabung, technisches Können sowie Geschick in bestimmten Teilbereichen des Lebens.

2. An zweiter Stelle steht die Zufriedenheit und Geborgenheit in funktionierenden sozialen Beziehungen. Eine glückliche Partnerschaft rangiert ganz oben. Auch gute Freundschaften sind hier zu nennen.

3. Soziale Kontaktfähigkeit und offener souveräner Umgang mit unterschiedlichen Menschen steht an dritter Stelle.

4. An vierter Stelle steht der Grad der Selbstakzeptanz. Es geht um die Achtung und Achtsamkeit gegenüber sich selbst.

5. An fünfter Stelle werden Dinge genannt, die die betreffende Person anderen Menschen gegenüber überlegen machen. Etwa die Fähigkeit, andere Menschen zu beeinflussen, zu beeindrucken oder auch zu beherrschen.

Ein Drittel ihrer Zeit verbringen Männer und Frauen bei ihrer beruflichen Tätigkeit. Das sind rund 1800 Stunden im Jahr! Da verwundert es nicht, dass die Arbeitswelt ein entscheidender Faktor für das Selbstwertgefühl des Menschen ist.

Arbeit versorgt uns nicht nur mit Geld, sondern auch mit dem Gefühl, etwas Sinnvolles zu tun. „Aus diesem Grund wird Arbeitslosigkeit oft als vernichtend empfunden: Nicht nur, dass das Einkommen weniger wird, zugleich wird auch das Selbstwertgefühl verletzt, und die sozialen Beziehungen gehen verloren, die am Arbeitsplatz bestanden. Der Einkommensverlust wird als viel weniger schlimm empfunden als der Verlust der Arbeit selbst", so jedenfalls Richard Layard, einer der führenden Wirtschaftswissenschaftler Englands.[10] Um so wichtiger ist es dann gerade auch für Arbeitslose, etwas Sinnvolles anstelle der früheren Arbeit zu tun.

Amerikanische Jugendliche arbeiten zu 90% bereits während ihrer High-School-Zeit stundenweise nebenher. Sie lernen Arbeit ganz praktisch nicht nur durch Büffeln und Lernen kennen, sondern bekommen früh den Wert von selbst verdientem Geld zu spüren. Das tut ihrem Selbstbewusstsein gut.

Der Glücksforscher Mihalij Csikszentmihalyi hat beobachtet, dass Erwachsene häufiger bei der Arbeit Glück erleben als in der Freizeit. Den höchsten Zustand des Glücks bezeichnet Csikszentmihalyi als „flow": Es sind Situationen, die hohe Anforderungen und große Fähigkeiten verlangen. Da vergessen Menschen alles um sich herum, Raum und Zeit, und sind nur noch ihrer Aufgabe hingegeben. Sie sind äußerst konzentriert und kreativ und fühlen sich tief befriedigt.

Wenn man sich Ziele steckt, die der eigenen Existenz einen Sinn verleihen und seinen Geist voll darauf konzentriert, dann gewinnt man das Potenzial, ein glücklicher und selbstbewusster Mensch zu werden, behauptet der Glücksforscher.

Etwas gut zu können, stärkt aber auch in anderen Bereichen das Selbstbewusstsein. Häufig kann man in der Freizeit besondere Fähigkeiten entwickeln, z. B. durch die Pflege von Hobbys. Wer Schützenkönig wird oder Siegerin im Doppelkopfturnier, Kreismeister im Tischtennisspiel oder beim Fußball als Torwartin erfolgreich Tore der gegnerischen Mannschaft vereitelt, wer der Feuerwehr bei Einsätzen hilft, der schöpft Selbstbewusstsein aus diesen Erfolgen.

Am Beispiel von Anne wird deutlich, dass auch der christliche

Glaube eine wesentliche Selbstwertquelle sein kann. Menschen erkennen: Ich bin von Gott so geschaffen, ich bin ihm wichtig, er hat etwas mit mir vor. Selbstwert hängt also auch mit Sinn zusammen.

Wie können Menschen nun anfangen, für ihr Selbstbewusstsein eine stabile Basis zu gewinnen? Hilfreich ist es, die vier Säulen des Selbstbewusstseins zu kennen und dann zu sehen: Welche ist bei mir gut ausgebildet, welche schwach – und müsste weiter aufgebaut werden? Vielleicht sollten Sie nicht bei der schwächsten anfangen. Wenn eine Säule wächst, wird das sowieso Auswirkungen auf die anderen drei haben. Die Arbeit am „Projekt Selbstbewusstsein" wird darum mit jedem Schritt leichter werden.

Vier Säulen des Selbstbewusstseins

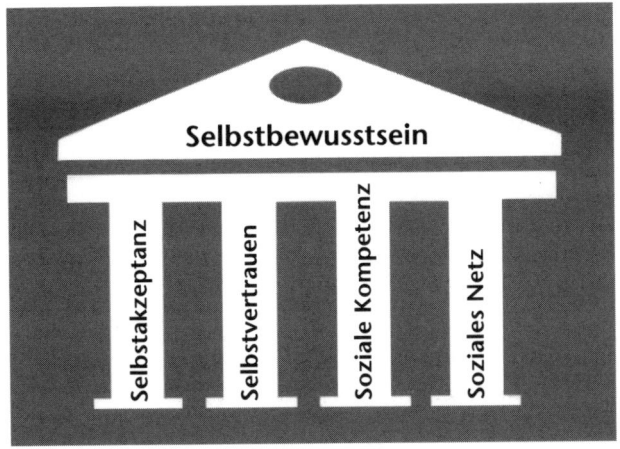

Selbstbewusstsein

Selbstakzeptanz

Selbstvertrauen

Soziale Kompetenz

Soziales Netz

Abbildung 1: Die vier Säulen des Selbstbewusstseins[11]

Die 16-jährige Astrid betritt mit kurzem schwarzen Rock und Netzstrümpfen meine Praxis. Sie habe Husten und Schnupfen, teilt sie mir mit und schaut mich dabei hilflos und elend an. Ich untersuche sie und diagnostiziere einen harmlosen Virusinfekt. Warum zieht Astrid sich so provokativ an, frage ich mich. Irgendwie sieht sie billig aus mit ihren Netzstrümpfen und der knappen Bekleidung. Ich erfahre, dass sie eine Klasse wiederholen musste und Schwierigkeiten hat, ihren Hauptschulabschluss zu erlangen. Vor einem Jahr war sie schwanger und hat das Kind abtreiben lassen. Der Freund hatte sich bald „aus dem Staub gemacht", wie sie sagt. Ihren jetzigen Freund kennt sie seit zwei Wochen. Vor einer Woche ist sie bei ihm eingezogen. Mit Mutter habe sie nur Stress. Die denke nur an sich und interessiere sich überhaupt nicht für sie. Zu Vater bestehe seit zehn Jahren kein Kontakt mehr.

Welche Selbstwertquellen hat Astrid zur Verfügung? Sie sieht attraktiv aus, und mit ihrer Bekleidung betont sie die erotische Ausstrahlung ihres jugendlichen Wesens. Das macht die Jungs an, und sie wird von ihnen in der Disko umlagert. Beständigere Selbstwertquellen wie Wissen, berufliches Know-how oder andere Fähigkeiten sieht Astrid für sich nicht.

Äußere Attraktivität und erotische Ausstrahlung ist eine der vergänglichsten Selbstwertquellen überhaupt. Wie wird es Astrid gelingen, andere Selbstwertquellen für sich zu erschließen, die beständiger sind?

Das Selbstbewusstsein eines Menschen gründet sich auf vier Säulen.[12] Zwei Säulen haben mit mir und meiner Einstellung zu mir selbst zu tun; die beiden anderen Säulen stehen für soziale Kontakte am Arbeitsplatz und in der Gesellschaft sowie für private, persönliche Beziehungen. Denn Selbstwert ist immer auch abhängig von dem, was andere über uns denken und wie wir mit dem umgehen, was andere über uns denken.

Die erste Säule ist die *Säule der Selbstakzeptanz*. Selbstakzeptanz meint das fundamentale Annehmen der eigenen Person. Es ist die Grundlage einer stabilen Selbstwertschätzung.

Die zweite Säule bezieht sich auf das Vertrauen in die eigenen Fähigkeiten und Leistungen. Inwieweit traue ich mir selbst etwas zu? In welchen Lebensbereichen halte ich mich für kompetent? Das ist die *Säule des Selbstvertrauens*.

Beide Säulen stützen sich wechselseitig: Wenn ich mich selbst akzeptiere, habe ich auch mehr Vertrauen in meine Fähigkeiten. Und umgekehrt, wenn ich meine Fähigkeiten nutze und Erfolgserlebnisse habe, werde ich auch eher insgesamt eine positive Einstellung zu mir selbst gewinnen.

Bei der dritten Säule geht es um die Kontaktfähigkeit: Wieweit gelingt es mir, mit anderen Menschen Kontakt aufzunehmen und dabei Nähe und Distanz so zu regulieren, dass ich mich im sozialen Gefüge sicher und wohl fühle? Das ist die *Säule der sozialen Kompetenz*. Soziale Kompetenz ist die Fähigkeit, gute Kompromisse zwischen den eigenen Bedürfnissen einerseits und den sozialen Anforderungen andererseits zu finden und zu verwirklichen.

Die vierte Säule steht für Beziehungen, in denen man eingebunden ist und die einem Kraft und Energie für die Bewältigung des Alltags liefern. Menschen, die auf ein soziales Netz zurückgreifen können, in dem sie Unterstützung und Ermutigung bekommen, stärken ihr Selbstbewusstsein. Diese vierte Säule ist die *Säule Soziales Netz*.

Selbstakzeptanz – Ich mag mich

Ganz und gar man selbst zu sein,
kann schon einigen Mut erfordern.
SOPHIA LOREN

Abbildung 2: Die 1. Säule Selbstakzeptanz – Ich mag mich

Sie sieht hübsch aus und irgendwie besonders. Julia ist schlank und adrett gekleidet, sieht aber abgrundtief traurig aus. Sie erzählt, wie sie sich manchmal selbst zum Kotzen findet und heimlich alles, was sie im Kühlschrank findet, in sich hineinstopft. Anschließend erbricht sie es wieder. Julia ist 19 Jahre alt und wohnt noch zu Hause bei der Mutter. Ihr Freund hat schon einmal die Bemerkung fallen gelassen, dass ihre Beine zu dick seien. Das hat sie sehr gekränkt. Mit ihrer äußeren Erscheinung ist Julia gar nicht zufrieden. Sie zieht nur Schlabberhosen an, denn mittlerweile findet sie ihre Beine auch zu dick. Als Ziel der Psychotherapie wünscht sie sich „mehr Selbstbewusstsein".

Sich selbst akzeptieren bedeutet, sich selbst wertzuschätzen. Das Wort *akzeptieren* kommt vom Lateinischen *acceptare = annehmen, billigen.* Sich akzeptieren bedeutet also sich annehmen, auf die eigenen Bedürfnisse zu achten und sie zu respektieren. *Acceptare* hängt auch mit dem lateinischen *accipere* zusammen, das *kapieren* bedeutet. So könnte man sagen, sich selbst zu akzeptieren bedeutet, zu kapieren, dass ich ein unverwechselbares Original bin mit allen Stärken und Schwächen, die ich nun einmal habe. Und je unabhängiger man sich dabei von der Bewertung anderer macht, desto mehr wird es das Selbstbewusstsein stärken.

Die erste Säule des Selbstbewusstseins hat auch einen ganz wesentlichen körperlichen Aspekt. Sich im eigenen Körper wohl fühlen, mit dem äußeren Erscheinungsbild zufrieden sein und körperliche Einschränkungen und Behinderungen akzeptieren, wirkt sich unweigerlich stärkend und positiv auf das Selbstbewusstsein aus.

„Ganz und gar man selbst zu sein, kann schon einigen Mut erfordern", meint die Schauspielerin Sophia Loren. Dass ihre Nase vielleicht zu lang war und ihre Lippen für damaliges Schönheitsideal zu voll, hat sie schon als Kind wenig gestört. Als einflussreiche Leute im Filmgeschäft ihr später eine Schönheitsoperation nahe legten, dachte Sophia Loren nicht im Traum daran. „Schön sein kann nie schaden", hat Sophia Loren einmal gesagt. „Aber man muss mehr sein als das. Man muss funkeln, man muss witzig sein, man muss sein Gehirn arbeiten lassen – wenn man eines hat."

Ich kenne Hanna nur mit Perücke. Im Theologiestudium waren wir dicke Freundinnen geworden. Bethel, Jochen-Klepper-Haus: Hanna wohnte quer über den Flur, und unsere gemeinsamen Bemühungen um griechische Grammatik krönten wir immer mit dem Verschlingen riesiger Mengen von Quarkspeise. Es hatte einige Zeit gedauert, bis mir aufgefallen war, kurzsichtig wie ich war und aus Eitelkeit meist ohne Brille rumlaufend, dass Hanna auch keine Wimpern und Augenbrauen hatte. Das gab ihrem Gesicht etwas eigentümlich Verletzliches. Ihre dunklen braunen Augen wirkten irgendwie unbeschützt. Ich mochte Hanna. Sie war fröhlich und einfühlsam und hatte einen trockenen Humor, der manchmal an Sarkasmus grenzte.

Als Kind hatte sie üppige schwarze Locken gehabt. Doch mit drei Jahren fielen ihr auf einmal alle Haare aus. Eine jahrelange Odyssee von einem Spezialisten zum anderen folgte. Aufwändige Untersuchungen und Behandlungen, schließlich hohe Cortisongaben als der Weisheit letzter Schluss. Das Cortison bewirkte eine vorübergehende Besserung, aber mit elf Jahren war auch das ausgereizt. In der Pubertät, wo es für viele Mädchen ohnehin schwer ist, ein Ja zum eigenen Körper zu finden, sah Hanna sich mit dem zusätzlichen Handicap ihres kahlen Kopfes konfrontiert. Phasen von Verzweiflung und Hoffnung wechselten sich ab. Als Studentin unterzog sie sich in der Göttinger Hautklinik noch einmal einer äußerst schmerzhaften Therapie, eine ganz neue Methode; kalte UV Strahlen sollten die Kopfhaut stimulieren. Fotos wurden ihr vorgelegt von anderen Patienten, vorher – nachher. Bei Hanna zeitigten die täglichen Bestrahlungen schlimme Blasen wie bei einem Sonnenbrand, statt sprießender Haare großflächig sich schälende Hautpartien. „Danach habe ich das Thema abgehakt", sagt Hanna. „Mir war klar, ich muss mich jetzt endgültig damit abfinden, dass mir keine Haare wachsen." Sie machte erstes theologisches Examen, Vikariat, heiratete, bekam zwei Kinder. Die hatten Haare und behielten sie auch. Nach und nach lernte Hanna damit zu leben, dass sie für fremde Augen ungewohnt und anders aussieht.

Vor einiger Zeit haben Hanna und ich zwei wunderbare warme Sommertage miteinander verbracht. Seit 25 Jahren zum ersten Mal wieder so richtig schön Zeit zum Reden, Tratschen über alte Bekannte, Lachen, Essen gehen, gemeinsam versumpfen und über das Leben philosophieren. Hanna kommt mir noch souveräner und lebendiger vor als damals. Geblieben ist ihr Hang zur Selbstironie. „Tja, mit meiner Perücke, das hat auch Vorteile", bemerkt sie beiläufig und starrt auf meine rot übertönten Strähnen, „ich kann nämlich selbst darüber entscheiden, wann ich grau werden will." Vielleicht ist die Ironie auch ihre Bewältigungsstrategie angesichts mancher erlebter Unsäglichkeiten. „Heute kann ich darüber lachen", sagt Hanna, „aber zeitweise hat mich doch einiges ganz schön getroffen." Jedes halbe Jahr braucht sie eine neue Perücke, „die Dinger werden einfach so schnell unansehnlich, dann kann ich die nur noch zu Hause im Garten aufsetzen, oder im Schwimmbad".

„Im Schwimmbad?"

„Ja, ich weiß, es ist eigentlich idiotisch", antwortet Hanna, „es wäre ja viel praktischer im Wasser ohne dies Teil, aber ich bringe es einfach nicht fertig, so herumzulaufen. Nur zu Hause, in meiner Familie, da macht es mir nichts aus." Hannas private Krankenversicherung und die kirchliche Beihilfestelle weigerten sich

*anfangs, die Kosten für die Perücke zu erstatten. „Ich muss mei-
nen Friseur schließlich auch selbst bezahlen", konstatierte eine
Sachbearbeiterin und schien an dem Vergleich nichts Unpassendes
zu finden. Die Beihilfe genehmigte ihr schließlich alle zwei Jahre
eine Neuanschaffung und definierte das Kunsthaar als „außerge-
wöhnliches Hilfsmittel, das nicht den allgemeinen Beihilfebedin-
gungen unterliegt".*

*Hannas jetziger Job als Berufsschulpastorin ist nicht gerade
einfach. Irgendwann abends auf unserer Terrasse, nach ein paar
Gläsern Rotwein, frage ich sie: „Sag mal, an der Berufsschule, haben die schon mal was gesagt wegen deiner Haare?" Ich habe
selbst Religion an einer Berufsschule unterrichtet und weiß, dass
die Schüler dort nicht gerade einen zimperlichen Umgangston
pflegen. „Nein", sagt Hanna, „ich bin da jetzt seit 4 Jahren, aber
bis vor Kurzem hat mich noch nie jemand darauf angesprochen.
Doch, die Schulsekretärin, die hat mich mal gefragt, ob es mir
denn jetzt wieder besser ginge. Die dachte wahrscheinlich, ich habe Krebs, das kennen die Leute ja, dass einem bei der Chemothe-
rapie die Haare ausfallen. Aber von den Kollegen oder den Schülern hat keiner gefragt. Bis vor Kurzem wie gesagt.*

*Ich habe nämlich seit vier Monaten eine BVJ-Klasse. In diesem
Berufsvorbereitungsjahr sind Schüler ohne Hauptschulabschluss,
und viele dieser Schüler werden vermutlich auch nie einen schaffen. Ihre beruflichen Perspektiven in unserer Leistungsgesellschaft
tendieren gegen Null, und sie wissen es. Das Unterrichten da ist
echt gewöhnungsbedürftig. Andererseits ist es äußerst spannend:
Du musst oft ganz schnell reagieren. Diese Jugendlichen nehmen
kein Blatt vor den Mund, sie sind so geradeheraus, sagen immer,
was ihnen gerade einfällt. Du bist z. B. so gerade mitten beim Thema Tod, da springt ein Mädchen auf, streckt ihren Po raus und
schreit: ‚He, Leute, guckt mal, ich hab eine neue Jeans, wie findet
ihr'n die?' Alle schreien ‚wow' und ‚cool' und geben ihre Kom-*

*mentare ab. Mühsam hast du in der Gruppe nach dieser Unter-
brechung wieder das Interesse für deine mitgebrachten Todesan-
zeigen zu wecken versucht, da ruft eine andere: ‚Hey, hinten auf
deiner Jeans war so eine Verzierung, die hab' ich nicht richtig gesehen, steh doch eben noch mal auf.' Also, in diesen Klassen
musst du so ziemlich auf alles gefasst sein.*

*Vor einigen Wochen jedenfalls sagte ein Mädchen mitten im
Unterricht unvermittelt: ‚Frau Klüwer, ich hab' da mal eine Frage.
Sie brauchen sie nicht zu beantworten. Sie dürfen aber nicht böse
sein, dass ich sie stelle.' Da wusste ich schon, was jetzt kommen
würde, sagt Hanna. ‚Mir ist aufgefallen', fuhr das Mädchen fort,
‚dass Sie keine Wimpern und keine Augenbrauen haben, wie
kommt das?' Alle waren auf einmal mucksmäuschenstill. So eine
Ruhe hat noch nie in dieser Klasse geherrscht. Was sollte ich machen? Ich habe ihnen also erklärt, dass ich eine Krankheit habe,
die ‚totaler Haarausfall' heißt und deshalb auch eine Perücke tra-
ge. ‚Was, Sie tragen eine Perücke?', riefen sie, ‚das ist uns noch gar
nicht aufgefallen.' Und dann sagten auf einmal mehrere: ‚Würden
Sie die wohl mal abnehmen?'"*

*Ich verschütte vor Schreck meinen Rotwein. Früher habe ich
Hanna einmal ohne Perücke gesehen, mit ganz zartem schwarzen
Flaum auf dem Kopf wie bei einem Baby. Augen, Ohren, Nase,
alles wirkt auf einmal riesig. Sie kam mir damals schrecklich
schutzlos und ausgeliefert vor, ein Anblick, der einem ans Herz
griff. „Um Gottes willen", frage ich, „was hast du gemacht?"*

*„Ja", sagt Hanna, „weißt du, es war eine ganz eigenartige
Situation. Du musst dich auf einmal in Sekunden entscheiden, das
Für und Wider überschlagen. Es gibt keinen Ausweg, du kannst
dich nicht drücken vor dieser Wahl." Ich bekomme Herzklopfen
allein bei der Vorstellung. „Und?"*

„Ich habe die Perücke dann abgenommen", sagt Hanna.

Ich hole tief Luft. Das passt, denke ich, Hanna ist so mutig, sie tritt lieber die Flucht nach vorn an, statt sich selbst zu schützen. „Die Schüler waren vollkommen schockiert. So aufgewühlt habe ich sie noch nie gesehen. Dann wollten sie erst mal wissen, ob das ansteckend ist, und die Mädchen fragten, ob ich einen Mann hätte und Kinder. Weißt du, weil die in der Schule nicht so fit sind, ist Aussehen für sie das Höchste, und wenn sie nur eine kleine körperliche Macke haben, sind sie schon untröstlich. Jedenfalls, sie waren alle total betroffen, und zwar nachhaltig. Zwei Tage später sprach mich sogar eine Kollegin an und bemerkte: ‚Was hast du mit der Klasse angestellt, die sind ja doch nicht so cool und abgebrüht, wie sie sich nach außen gerne geben, das sind ja auf einmal geradezu Sensibelchen.' In der nächsten Stunde, in der ich selbst in der Klasse war, waren sie immer noch ganz betreten, richtig schuldbewusst. Ich habe das dann noch mal angesprochen und ihnen erklärt, dass sie kein schlechtes Gewissen haben müssten, ich hätte mich schließlich freiwillig entschieden, die Perücke abzunehmen, ich hätte ja auch Nein sagen können. Für mich sei das so in Ordnung. Aber ich glaube, die haben daraus gelernt, die Folgen von bestimmten Äußerungen besser zu überdenken. Jedenfalls haben sie gemerkt, dass es Fragen gibt, die zu weit gehen, Fragen, mit denen man Menschen sehr bloßstellen oder auch verletzen kann."

Nicht nur das, denke ich. Sie haben sicher auch gelernt, dass man trotz in ihren Augen gravierender körperlicher Beeinträchtigungen ein fröhliches und erfülltes Leben führen kann. An Hanna, die sie jede Woche unterrichtet, haben sie das beste Anschauungsmaterial. Die Lektion war drastisch, zweifellos. Aber vielleicht bestärkt sie in den Jugendlichen die Ahnung, dass es Wichtigeres im Leben geben muss als Haare auf dem Kopf.

Woher hat Hanna ihr Selbstbewusstsein? Ich hab sie das mal gefragt. Ihre Antwort:

„Selbstbewusstsein gehörte für mich nicht zu der Grundausstattung, mit der ich geboren wurde. Es hat sich über viele Jahre entwickelt. Das war ein langer und manchmal auch schmerzhafter Prozess mit vielen Schwankungen. Heute kann ich sagen, dass sich mein Selbstbewusstsein aus ganz unterschiedlichen Quellen speist: Zu erleben, dass mein Mann und meine Kinder mich lieben, dass Verwandte, Freunde und Freundinnen mir Zuneigung entgegenbringen, tut mir gut und stärkt mich. Meine berufliche Arbeit bringt mir neben Anstrengung und Stress auch viel Bestätigung. Die wichtigste Quelle ist für mich allerdings die Erfahrung, dass ich ein von Gott geliebter Mensch bin – unabhängig von meiner äußeren Erscheinung, unabhängig von meiner beruflichen Leistung, unabhängig von meinem Funktionieren als Familienfrau. Mein Glaube gibt mir innere Stärke und Gelassenheit, ein Selbstbewusstsein, das mich fröhlich leben lässt."

Die Top-Visagistin Eva Hennings sagt: „Schönheit bedeutet für mich nicht makellos auszusehen; gerade kleine Ecken und Kanten machen die Persönlichkeit aus. Und je mehr man zu ihnen steht, desto besser ist die Ausstrahlung."[13]

Wie sehr der Glaube ihm geholfen hat, ein Ja zu seinem Körper zu finden, beschreibt der Schriftsteller Jürgen Knop:

„Mein rechter Arm fuchtelt wie üblich in der Luft umher. Und meine Beine, die durch eine spastische Lähmung nicht ihren Dienst, das Laufen, versehen können, schlagen hart an den Rahmen meines Rollstuhls. Bis vor etlichen Jahren litt ich darunter, dass mein Gesicht von spastischen Krämpfen entstellt wird. Ich muss ständig gegen meinen Willen Grimassen schneiden.

Mein anderes Aussehen hat mir als Kind unter Kindern viel Spott eingebracht. Sie äfften meine Sprache nach und versuchten sich so zu bewegen, wie ich es aufgrund meiner Behinderung ständig machen musste. Aber auch etliche Erwachsene ließen mich, ja meine ganze Familie spüren, dass ich ein Fremdkörper, ein hässli-

cher Fleck in ihrer heilen Wohnstraße sei. Auch Wirte etlicher Gasthäuser bitten mich heute noch höflich, aber bestimmt, ihr Lokal zu verlassen, weil sich angeblich einige Gäste durch meinen Anblick gestört fühlen. Schließlich war es mir verleidet, mich in der Öffentlichkeit zu zeigen. Ich fand immer neue Ausreden, um nicht von Freunden, die mich besuchten, spazieren gefahren zu werden. In dieser Zeit las ich alles, was ich kriegen konnte. So schlug ich eines Tages auch die Bibel auf. Nachdem ich eine Seite gelesen hatte, stockte ich. Denn ich las einen Vers, der mich nicht mehr loslassen sollte. Noch einmal las ich dieses froh machende Wort und dann immer wieder. Nun sprach ich den Vers leise nach. ,Und Gott schuf den Menschen zu seinem Bilde, zum Bilde Gottes schuf er ihn.‘ Die Freude, die mich jetzt durchströmte, lässt sich kaum beschreiben. Ich überlegte. Wenn das stimmt, wirklich stimmt – und ich zweifle an Gottes Wort nicht – dann brauche ich mich ja gar nicht meines ständig zappelnden Körpers und des entstellten Gesichts zu schämen. Denn auch ich bin wie alle Menschen das Ebenbild Gottes, und wie kann Gott hässlich sein?"14

Ich mag mich: Das ist Menschen nicht in die Wiege gelegt, und manchmal muss es mühsam erarbeitet werden. Aber die Arbeit lohnt sich: Gerade Menschen, die anders aussehen, als es dem gängigen Schönheitsideal entspricht, haben eine faszinierende Ausstrahlung, wenn sie ein Ja zu sich gefunden haben.

Ich achte auf meine Bedürfnisse

Ich gehe mit meiner Freundin shoppen. Gerade haben wir eine modische Hose für sie erstanden. Nun finden wir einen Pulli, der optimal dazu passt. Er ist gar nicht teuer. Aber meine Freundin schüttelt den Kopf. „Ich kann das nicht", sagt sie. „Ich kann nicht so viel Geld für mich selbst ausgeben. An einem einzigen Tag Hose und Pulli, das ist zuviel, da hab ich tagelang ein schlechtes Gewissen."

„Du hast dir doch seit einem halben Jahr nichts Neues gekauft, und die Hose war auch noch im Preis runtergesetzt", wende ich ein. Außerdem verdient sie mit einem Halbtagsjob selbst Geld, und ihr Mann hat kein Problem, sich drei Pullis auf einmal zu kaufen, wenn ihm danach ist. Aber meine Einwände helfen nichts. „Die Kinder gehen demnächst auf Klassenfahrt, beide kurz hintereinander, und lieber geb ich denen etwas mehr Taschengeld mit, sie sollen sich da auch mal was kaufen können", meint sie.

Den Bedürfnissen des eigenen Körpers liebevolle Aufmerksamkeit zu schenken, ist gerade für Frauen oft mit schlechtem Gewissen verbunden. Manchmal muss das richtig geübt werden. Dabei wird der Körper schon in der Bibel sehr hoch eingestuft. Immerhin heißt es im Neuen Testament: „Habt ihr etwa vergessen, dass euer Leib ein Tempel des Heiligen Geistes ist, den euch Gott gegeben hat?" (1. Korinther 6,19). Was für eine Wertschätzung!

Dieser Leib will also gepflegt und beachtet werden. Es ist hilfreich, die Wahrnehmung in Bezug auf meinen Körper zu schulen. Das hilft, achtsam mit ihm umzugehen. „Achtsamkeit beschreibt eine Grundhaltung größtmöglicher positiv gefärbter Aufmerksamkeit auf sich selbst in Bezug auf alle gegenwärtigen Erfahrungen, Erlebnisse und Körperempfindungen."[15]

Wie bewege ich mich? Was sehe und höre ich? Wie ist mir in diesem Moment zumute? Was empfinde ich? Wo spüre ich im Körper, dass es mir gut geht, und welche Bedürfnisse nehme ich wahr?

Wer sensibel für seinen eigenen Körper wird, nimmt sich selbst bewusster wahr, wird also seiner Selbst bewusster, selbst-bewusster. Das Erlernen von Entspannungsübungen kann solche Selbstwahrnehmung und Achtsamkeit für den eigenen Körper schulen. Dabei lenke ich ganz bewusst meine Wahrnehmung auf das, was ich empfinde. Entspannungsübungen engen die Aufmerksamkeit ein auf die Körpergefühle. Die Muskelentspannung nach Jacobson, aber auch das autogene Training haben sich da unserer Erfahrung nach besonders bewährt. Beide Verfahren sind körperbezogen und ideologisch neutral. Das macht sie praktikabel und leicht einsetzbar, zumal sie an Alltagserfahrungen anknüpfen, die jedem Menschen geläufig sind.

Der Muskelentspannung nach Jacobson liegt die Erkenntnis zugrunde, dass jede psychische Verspannung auch zu einer Verspannung der Muskeln führt: Ich beiße die Zähne zusammen – Augen zu und durch – Ich bekomme Nackenschläge – der Gesichtsausdruck ist verbissen. Umgekehrt wissen wir, dass innerlich entspannte Menschen äußerlich entspannt aussehen. Einen entspannten Gesichtsausdruck nehmen wir sehr sensibel wahr. Schon die Art, wie jemand sich hinsetzt, kann den Grad innerer Anspannung oder eben auch Entspannung zum Ausdruck bringen.

Eine ausführliche Anleitung mit Übungs-CD finden Sie in unserem Buch „Nutze deinen Stress".[16]

Achtsam mit dem eigenen Körper umgehen, bedeutet auch, ihn zu pflegen und ihm freundlich zu begegnen. In meinen Entspannungsgruppen frage ich die Teilnehmer bei der Herzübung des autogenen Trainings immer, wie oft das Herz wohl am Tage schlage und dann hochgerechnet im ganzen Leben: 84 400 mal am Tag! Wie gehe ich freundlich und achtsam mit meinem Herzen um, wo es so fleißig für mich arbeitet? Wie lange arbeiten Sie, bevor Sie eine Pause einlegen? Gönnen Sie sich ausreichend Zeit für den Tagesbeginn? Wenn Sie die Beine hochlegen und sich im Sessel zurücklehnen, dann entlasten Sie Ihr Herz und gönnen ihm eine wohltuende Verschnaufpause.

Was für das Herz gilt, gilt auch für alle anderen Körperbereiche. Es ist durchaus nicht immer Ausdruck von Eitelkeit, wenn ich mich pflege und mir etwas gönne, Kosmetik, Wellness, Kleidung. Es hat vielmehr etwas mit Respekt meinem Körper gegenüber zu tun.

Im Neuen Testament wird eine interessante Geschichte[17] erzählt: Eine Frau namens Maria begegnet Jesus und salbt seine Füße mit dreihundert Gramm indischer Narde[18]. Der Duft erfüllte das ganze Haus. Narde wird aus einem indischen Baldriangewächs gewonnen. Es wird noch heute in der Parfümerie verwendet und ist irrsinnig teuer. So war es auch damals. Man verarbeitete es zu einer kostbaren Pflegesalbe. Der Duft von Narde ist herb, erdig, weich und ein wenig süß. Diese stark riechende Salbe kostete um die dreihundert Silberlinge. Ein Silberling entsprach einem Tageslohn! Welch eine Verschwendung, mit diesem Luxuspflegeartikel die Füße von Jesus zu salben, denken die Jünger, und sogleich erhebt einer Einspruch. Sollte man die Salbe nicht viel besser verkaufen und das Geld den Armen geben? Darf man sich etwas so Wertvolles „nur" für die Pflege des Körpers leisten? Jesus sieht das ganz anders. „Lasst sie in Frieden", antwortet er. „Was sie für mich getan hat, war gut und richtig." Nun kann man einwenden, dass es sich ja hier schließlich um Jesus handelt: ein Liebesbeweis für Gottes Sohn, der demnächst sterben würde. Aber trotzdem kann es zu denken geben, dass Jesus diese „Verschwendung" zulässt, und das sogar „nur" für die Füße.

Immerhin lautet das zweitwichtigste Gebot in der Bibel: „Liebe deinen Nächsten *wie* dich selbst." Selbstliebe als Voraussetzung für Nächstenliebe? Das würde ja bedeuten: Menschen, die sich selbst lieben und achtsam behandeln, die sind auch in der Lage, ihrem Nächsten Gutes zu tun.

Es geht nicht um Egoismus und Ellbogenmentalität, sondern um Fürsorge für mich selbst. Wenn ich meine Bedürfnisse achte und wahrnehme, dann kann ich mir selbst auch liebevoll begegnen.

Ich gehe liebevoll mit mir um

Ehepaar A. hat sich gemeinsam zur Eheberatung angemeldet. Herr A. ist Klempner und Frau A. Einzelhandelskauffrau mit einem Ganztagsjob. Nun sitzen sie da, und er führt das Gespräch. Die 40-jährige Frau sitzt zusammengekauert in dem Sessel und sagt fast nichts. 19 Jahre seien sie nun verheiratet, und in den letzten 8 Jahren habe es immer wieder Konflikte gegeben. Aber die habe man doch irgendwie gemeistert, meint der Mann. Vergangene Woche dann habe seine Frau ihm plötzlich aus heiterem Himmel eine riesige Szene gemacht wegen einer Nachbarin, der er geholfen habe, die Küche einzurichten. Dabei habe er nichts mit dieser Frau. Wie könne man sich so anstellen. Jedes Wochenende sei er unterwegs auf Flohmärkten, um noch etwas mehr Geld ins Haus zu bringen, wo sie doch noch so viele Schulden vom Bau des Hauses hätten. Und jetzt beklage sich seine Frau, dass er nie da wäre. Er sei doch immer auf die Bedürfnisse seiner Frau eingegangen, und Familie stehe für ihn an erster Stelle. „Aber du bist nie da", schaltet sich jetzt seine Frau mit zaghafter Stimme ein. „Ich stehe mit allen Pflichten im Haus alleine da."

„Das ist eben Arbeitsaufteilung – ich auf den Flohmärkten und du im Haushalt", kontert der Mann mit leicht aggressivem Ton. „Meine Eltern mussten auch hart arbeiten und haben sich nicht beklagt", fügt er noch hinzu. „Wie oft habe ich dich gefragt, ob wir nicht mal zusammen in Urlaub fahren wollten, oder wenigstens ein Wochenende verreisen, oder nur mal ins Kino gehen, und du hast mich immer nur vertröstet, jetzt schon zehn Jahre lang", versucht die Frau den Faden noch einmal aufzunehmen.

„In schwierigen Zeiten muss man eben auf Urlaub verzichten", antwortet er.

Frau A. sagt jetzt gar nichts mehr.

Wie viel Prozent denn er und wie viel seine Frau an dem jetzi-

gen Zustand schuld seien, frage ich ihn. Die Antwort ist diploma-
tisch: 50 : 50 meint er.
„Und Sie, Frau A., was meinen Sie, wie die prozentuale Vertei-
lung ist?", frage ich.
„Ich glaube, ich habe 90% Schuld und er 10%", kommt die
erstaunliche Antwort. Frau A. macht einen völlig kraftlosen Ein-
druck, ihre Resignation und Verzweiflung sind fast mit Händen
zu greifen.

Menschen mit mangelndem Selbstbewusstsein neigen dazu, sich
die Hauptschuld an der Misere zu geben. Wer dagegen über ein
übersteigertes Selbstbewusstsein verfügt, nimmt Schwäche und
Verletztheit des Partners oft überhaupt nicht wahr.

Bei diesem Paargespräch hatte ich ganz stark den Eindruck,
dass Frau A. völlig am Ende ihrer seelischen Kräfte ist und sie der-
zeit keine weitreichenden Entscheidungen für ihr Leben treffen
kann. Ich schlage ihr eine Kur vor, die sie dann auch antritt.

Sechs Monate später kommt sie alleine zum Beratungsge-
spräch. Sie hat sich von ihrem Ehemann getrennt und macht Plä-
ne für eine Zukunft ohne ihn. Aber sie wird von Angstzuständen
geplagt, die sie plötzlich überfallen und ihr die Lebensfreude nehmen. Sie möchte jetzt eine Psychotherapie machen. „Was soll das
Ziel der Beratung sein?", frage ich.

„Ich möchte wieder mehr Selbstbewusstsein bekommen und
Freude am Leben", antwortet sie. – „Mehr Selbstbewusstsein bekommen", das antworten die meisten meiner Patienten auf die
Frage nach dem Ziel der Psychotherapie. Was macht unser Selbst
stark? Und woher nimmt die Seele die Kraft zur Veränderung?

Mit Frau A. bin ich den Weg zurück in ihre Kindheit gegangen
und habe mit ihr nach Kraftquellen in ihrem Leben gesucht. Wo
liegen Ressourcen verborgen, die ihr Selbstachtung geben können? Neulich meinte ihr jüngerer Bruder zu ihr: „Du hast doch als

Kind so viel durchgekämpft, auch für mich. Wo bleibt diese Kraft heute?" Das hat ihr neue verschüttete Bereiche erschlossen: „Ich kann kämpfen. Ich kann mich für meine Belange einsetzen. Ich kann für meine Überzeugungen einstehen." Offenbar gibt es Durchsetzungsfähigkeit bei Frau A. Sie muss nur wieder darankommen. Immer noch steigt ein beklemmendes Gefühl der Ohnmacht in ihr hoch, wenn sie ihrem Ex-Mann auf der Straße begegnet. Neulich habe ich sie gefragt, wie sie in dieser Situation gerne anders über sich denken würde. Sie sagt, und dabei klingt ihre Stimme viel fester: „Mir geht es auch ohne ihn gut. Ich habe es ihm gezeigt, dass es mir gut geht. – Ich habe es nicht verdient, so schäbig und erniedrigend behandelt zu werden. Ich bin wertvoll."

Im Gegensatz zu weit verbreiteten Ansichten über den christlichen Glauben wird der Selbstliebe in der Bibel eine hohe Stellung eingeräumt. Erst wer sich selbst liebt, kann auch seinen Nächsten lieben. „Ein Schriftgelehrter fragte Jesus: Herr, welches ist das wichtigste Gebot im Gesetz Gottes? Jesus antwortete ihm: Liebe Gott, den Herrn, von ganzem Herzen, mit ganzer Hingabe und mit deinem ganzen Verstand! Das ist das erste und wichtigste Gebot. Ebenso wichtig ist aber das zweite: Liebe deinen Mitmenschen, so wie du dich selbst liebst! Alle anderen Gebote und alle Forderungen der Propheten sind in diesen Geboten enthalten." (Matthäus 22,35-40) – So wie du dich selbst liebst! Viele Menschen jedoch denken, Nächstenliebe bedeute, sich selbst möglichst weit hintenan zu stellen.

Jesus meint aber offensichtlich: Mit sich selbst liebevoll umgehen macht uns erst stark für den liebevollen Umgang mit den Mitmenschen. Wenn ich spüre, was mir selbst gut tut, kann ich mich auch eher einfühlen in das, was andere gerade brauchen. Wenn ich überhöhte Ansprüche an mich selbst runterfahre, werde ich auch mit Ansprüchen anderer gegenüber barmherziger werden.

Es fällt ihr ungeheuer schwer, sich Lob gefallen zu lassen. Ihre eigene Arbeit sieht sie stets überkritisch. Wenn ihre Freundinnen beim Kaffeeklatsch sagen: „Dein Kuchen schmeckt ganz toll", erwidert sie: „Ach, eigentlich ist er nicht gelungen, der Teig ist nicht richtig aufgegangen." Wenn ihre Kollegen sie loben: „Die Präsentation hast du sehr überzeugend gestaltet", sagt sie: „Aber an der einen Stelle hab ich mich verheddert, das war doch so peinlich." Durch ihre überzogene Selbstkritik macht sie die anderen oft überhaupt erst auf ihre schwachen Punkte aufmerksam! Wie wäre es, sich stattdessen einfach über das Lob zu freuen und sich zu bedanken? Sich Lob gefallen zu lassen und sich über Gelungenes zu freuen, gehört zu einem liebevollen Umgang mit sich selbst und stärkt das Selbstbewusstsein.

Wenn ich meine Patienten frage, wie die letzte Woche verlaufen ist, dann beginnen die meisten zu erzählen, was alles nicht geklappt hat. Manchmal bitte ich den Patienten dann, mir seine Woche einmal nur mit dem zu schildern, was ihm gelungen ist. Er soll nicht lügen! Er soll die vergangene Woche lediglich einmal unter dem Gesichtspunkt erzählen: Was habe ich gut gemacht? Alles andere soll er erst einmal ausblenden. Erstaunlich, was dabei herauskommt!

Oft fällt es Menschen viel leichter, sich klein zu machen und abzuwerten, statt sich zu ermutigen und zu loben. Das Selbstwertgefühl reagiert sehr sensibel: auf Selbstabwertung mit einem Ausschlag nach unten, bei Ermutigung mit einem Ausschlag nach oben.

Mit einer einfachen Übung können Sie es ausprobieren, Gelungenes zu genießen:[19]

Gehen Sie in Ihrer Wohnung zu Ihrem Lieblingsplatz, in das Zimmer, das Ihnen am besten gefällt, die Ecke, in der Sie sich am behaglichsten und am meisten willkommen fühlen. ... Nehmen Sie sich ein wenig Zeit, sich dort eine Weile aufzuhalten. Schauen Sie sich aufmerksam um und stellen Sie sich folgende Fragen:

Was gefällt mir besonders gut?
Können Sie Stolz auf etwas spüren, was Sie dort sehen?
Versuchen Sie, Freude wahrzunehmen, Freude darüber, dass es
Ihnen gelungen ist, diesen Ort (einige Details dieses Ortes) so zu
gestalten, dass er Ihnen Zufriedenheit mit sich selbst bereitet.
Mit mir selbst liebevoll umgehen bedeutet auch, es sich nicht
unnötig schwer machen, wo es möglich ist. Sicher gibt es Situa-
tionen im Alltag, wo es wichtig ist, nicht den Weg des geringsten
Widerstandes zu gehen. Aber oft könnten wir es leichter haben,
als wir bereit sind uns zuzugestehen.

*Frau B. ist 80 Jahre alt und hat sich den Unterschenkel gebro-
chen. Sie wird aus dem Krankenhaus mit einem Gips entlassen.
Zu Hause humpelt sie nur mit Mühe durch die Wohnung. Ihre
entfernt wohnenden Kinder empfehlen der Mutter, sich Essen auf
Rädern zu bestellen. Ein nahe gelegenes Restaurant kocht hoch-
wertige Speisen zu einem günstigen Preis und liefert die auf Be-
stellung auch nach Hause. Frau B. könnte sich das leisten, aber
nein, sie kocht selber. Am Telefon fragt die Tochter: „Wie geht es
dir?"*

*„Schlecht", ist die Antwort. „Alles ist so mühsam. Ich kann mir
nicht das kochen, was meine Diät erfordert. Fühle mich
schwach."*

Wie hätte es sich Frau B. leichter machen können, wenn sie
Diät-Essen bestellt hätte. Aber sie hat sich das früher nicht erlaubt, und auch jetzt gesteht sie sich nicht zu, liebevoll mit sich
umzugehen.

*Wir sind auf Teneriffa und haben einen zehn Kilometer langen
Fußweg an der Promenade hinter uns. Es war wunderschön. Aber
jetzt müssen wir wieder zurück zum Hotel. Es ist Abend. Unsere
79-jährige Mutter ist dabei. Wir schauen auf den Busfahrplan. In
einer Stunde kommt der nächste Bus. Wir stöhnen auf. Das wird
ja ein toller Abend. Jetzt stehen wir hier an der belebten Straße*

und warten uns die Beine in den Bauch. „Du, sollen wir uns nicht ein Taxi nehmen", schlägt meine Frau vor. Ich bin sehr zur Sparsamkeit erzogen worden, und Taxi ist für mich immer noch irgendwie der Inbegriff von Luxus. Also sage ich: „Der Bus ist doch viel billiger als ein Taxi."

„Und dafür lassen wir uns den schönen Abend vergraulen?", fragt meine Frau. Eigentlich hat sie Recht. Wir sind vier Personen. So viel teurer kann ein Taxi gar nicht sein. Warum gönnen wir uns nicht diesen kleinen Luxus? 15 Minuten später sind wir in unserem Hotel und können uns noch in Ruhe für das Abendessen umziehen. Ich fühle mich gut und bin richtig stolz darauf, dass ich über meinen Schatten gesprungen bin und wir uns das gegönnt haben.

Mir steht etwas zu

Frau M.s Eltern hatten viel Arbeit in ihren Berufen und der nebenerwerblichen Landwirtschaft in dem kleinen Dorf in Ostfriesland. Die Kinder liefen so nebenher, um sie wurde nicht viel Aufhebens gemacht. Kinder waren nicht wichtig. Anerkennung bekam man nur, indem man nicht auffiel und indem man half. Wenn die Eltern abends ausgehen wollten, kam kein Babysitter, sondern die Kinder erhielten Brot mit Zucker, getränkt mit Schnaps. Dann schliefen sie gut.

Frau M. heiratete, bekam drei Söhne. Die sollten es besser haben als sie. Frau M. tat alles für ihren Mann und ihre Söhne, stellte ihre eigenen Interessen weit zurück. Sie war nicht wichtig, die Familie ging vor. Manchmal litt sie an Selbstzweifeln und Depressionen. Irgendwann stellte Frau M. fest, dass Schnaps sie nicht nur gut schlafen ließ, sondern dass sie sich auch selbstbewusster und nicht mehr so klein fühlte, wenn sie Alkohol getrunken hatte.

Jahre später, in der Therapie ihrer Alkoholabhängigkeit, hatte

Frau M. eines Tages ein Schlüsselerlebnis. Die Therapeutin legte einen Haufen Kleingeld auf den Tisch und sagte: „Jetzt stellen Sie sich vor, Ihr Mann und Ihre drei Söhne sitzen hier mit am Tisch. Sie teilen jedem so viel Geld zu, wie viel ihm Ihrer Meinung nach zusteht." Frau M. teilte allen vier Männern Geld zu, nur sich selbst nicht. Als die Therapeutin sie darauf ansprach, fiel es ihr wie Schuppen von den Augen: Ja, so ist das in meinem Leben. Ich gebe allen, und für mich bleibt nichts. Ich habe das Gefühl, mir steht gar nichts zu.

Diese Erkenntnis weckte in Frau M. eine Art Trotz. Sie beschloss: Das wird jetzt anders. Es kostete sie viel Mut, konkrete Schritte zu gehen. In der Familie gab es manche Krise. Der Mann und die heranwachsenden Söhne waren auf Totalversorgung eingestellt und sollten jetzt auf einmal selbst ran. Aber Frau M. blieb dabei.

Gleichzeitig fand sie Kontakt zu einer Frauengruppe ihrer Kirchengemeinde. Sie entdeckte den christlichen Glauben ganz neu für sich. Die Beziehung zu Gott und die Gemeinschaft in der Frauengruppe wurden für sie zu einer zusätzlichen Kraftquelle. Sie spürte, dass sie für Gott ein wertvoller Mensch ist, und wurde froh darüber. An einem Wochenende fuhr Frau M. sogar mit der Kirchengemeinde in ein Kloster. So etwas hätte sie sich früher nie erlaubt. Als sie am Sonntagabend glücklich und erfüllt zurückkam, war ihre Küche ein Chaos: Überall standen schmutzige Töpfe, Essensreste und gebrauchtes Geschirr. Frau M. sagt: „Früher hätte ich mich stillschweigend daran gegeben und alles abgewaschen. Aber jetzt nicht mehr. Ich hab ganz ruhig zu meinem Mann und meinen Söhnen gesagt: Bitte räumt die Küche auf! Die haben geguckt! Aber sie haben es gemacht. Und ich fühlte mich gut dabei."

Ich bin ein wertvoller Mensch, ein Original Gottes, so wie ich bin. Sich wertschätzen heißt, sich etwas zugestehen im Leben. Geben und Nehmen sollten in einem ausgewogenen Verhältnis stehen. Weil ich es mir wert bin. Weil ich es Gott wert bin.

Matthias Claudius dichtet: Ich danke Gott und freue mich wie's Kind zur Weihnachtsgabe, dass ich bin, bin, und dass ich dich, schön menschlich Antlitz, habe.

Selbstvertrauen – Ich bin stolz auf mich

Du bist so jung wie deine Zuversicht, so alt wie deine Zweifel.
So jung wie dein Selbstvertrauen, so alt wie deine Furcht.
So jung wie deine Hoffnungen, so alt wie deine Verzagtheit
So lange die Botschaft der Schönheit, Freude, Kühnheit und
Größe dein Herz erreichen, so lange bist du jung.
Albert Schweitzer

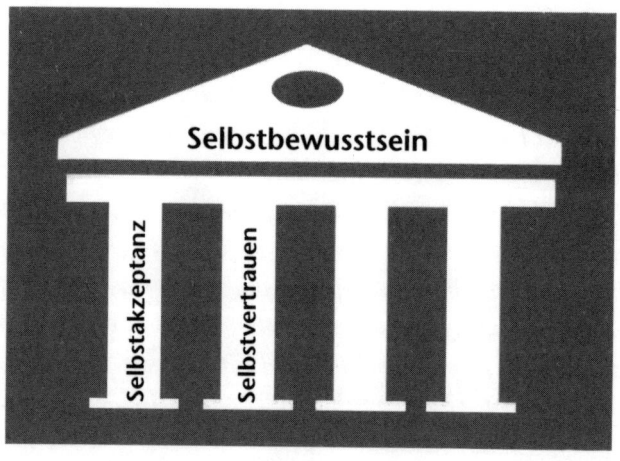

Abbildung 3:
Die 2. Säule Selbstvertrauen – Ich bin stolz auf mich

Ich frage eine junge Mutter, ob sie Lust hätte, bei der Kinderbibel-woche mitzumachen. „Gerne", sagt sie, „wenn ich eine Aufgabe bekomme, wo ich nicht basteln muss. Ich hasse basteln und kann das überhaupt nicht! Aber mit Hammer und Säge kann ich umge-hen, und ich bin eine sehr gute Organisatorin." Sie kann ihre Ga-ben gut einschätzen, weiß, was sie kann, und steht dazu, dass sie manches nicht kann und mag. Eine andere Mutter sagt: „Ich bas-tele gerne, aber ich will nicht in der Kirche vor allen Leuten was vorlesen, oder ein Gebet sprechen, das ist für mich der Horror." Mit Hingabe bastelt sie jedes Jahr 50 wunderschöne Namens-schildchen für die Kinder.

In der Bibel wird für die christliche Gemeinde das Bild vom menschlichen Körper verwendet. Er hat viele verschiedene Glie-der, Hand, Fuß, Hals, Magen. Jeder ist ein bestimmter Teil des Körpers und hat da seine Fähigkeiten und seine Aufgabe. Wer da seinen Platz gefunden hat und ihn annimmt, strahlt Selbstvertrau-en aus.

Es ist sinnvoller, in die eigenen Fähigkeiten zu investieren und sie auszubauen, als an dem zu arbeiten, was mir nicht liegt und was ich nicht gut kann.

Der 15-jährige Christian nahm seit einem halben Jahr am Gi-tarrenkurs der Kirchengemeinde teil. Nach den Halbjahreszeug-nissen in der Schule kam er zur Leiterin und sagte: „Ich habe im Zeugnis den Vermerk Versetzung gefährdet, und jetzt verbieten meine Eltern mir, den Gitarrenkurs weiterzumachen." „Was machst du denn jetzt stattdessen?", fragte die Leiterin.

„Fernsehen", sagte Christian. Die Eltern waren beide den gan-zen Tag berufstätig und bekamen das gar nicht mit. Mit dem Gi-tarrespielen nahmen sie ihrem Sohn etwas weg, das ihm Freude machte, das kreativ war, wo Stärken von ihm lagen. Dort erlebte er Anerkennung und freute sich an seinen Fortschritten. Den schulischen Leistungen nützte der Wegfall des Gitarrenkurses gar

nichts, aber er nahm Christian einen Baustein seines Selbstvertrauens.

Gerade wenn ein Kind in der Schule Mühe hat, sollte man nicht bis zum Umfallen mit ihm üben, sondern ihm ermöglichen, auch Dinge zu tun, in denen es Freude und Anerkennung erlebt: Musik, Sport, Malkurse, Tanzen.

Selbstvertrauen bedeutet: Ich traue mir selbst etwas zu. Es gibt Aufgaben, die ich gut bewältigen kann. Ich weiß, dass ich bestimmte Dinge gut mache, beispielsweise meinen Beruf, mein Hobby, die Verwaltung der Familienfinanzen, meinen Haushalt, meinen Garten. Die Erziehung der Kinder, ehrenamtliche Tätigkeiten. Ich kann es genießen, Erfolge zu haben. Ich traue mir Durchhaltevermögen zu, ich habe Frustrationstoleranz. Aber ich weiß auch um meine Grenzen und respektiere sie. Ich muss nicht alles können, und ich kann auch mal etwas lassen.

Menschen mit geringem Selbstvertrauen nehmen ihre Schwächen übergenau wahr. Sie richten ihre Aufmerksamkeit ausgerechnet auf das, was sie nicht gut können, nehmen sich Fehler sehr zu Herzen und überbewerten die Kritik anderer. Sie sind nie mit sich zufrieden, sondern leiden unter dem Gefühl, minderwertig zu sein und ihren Ansprüchen nicht genügen zu können.

Hilfreich ist es, seine Fähigkeiten zu kennen.

Wir haben in unserer Kirchengemeinde einmal ein Gabenseminar durchgeführt. In dem Seminar ging es darum, die eigenen Neigungen und Begabungen zu entdecken und sie dann auch in der ehrenamtlichen Arbeit entsprechend einzusetzen.

Peter arbeitete seit vier Jahren im Kirchenvorstand mit. Was er schon länger gespürt hatte, bestätigte sich in dem Seminar: Er stellte fest, dass seine Fähigkeiten weniger in Verwaltung und Organisation liegen als vielmehr in der Aktion mit jungen Menschen und der Musik. Er singt und spielt Gitarre. Vier Jahre hatte er sich im Kirchenvorstand mit Verwaltungsaufgaben befassen müssen.

Schon ziemlich bald hatte er festgestellt: Friedhof, Pachtangelegenheiten, Baufragen, der Jahreshaushalt der Kirchengemeinde, das war überhaupt nicht sein Ding. Er fand es mühsam, sich da hineinzudenken, und es machte ihm keine Freude. Bei den nächsten Wahlen kandidierte er nicht mehr, sondern beschloss sich Aufgaben zu suchen, die seinen Gaben besser entsprachen. Er begann in einer Kirchenband zu singen, bei einem alternativen Gottesdienst für junge Leute mitzuarbeiten. In diesen Bereichen ist er richtig gut und bekommt entsprechend Lob und Anerkennung. Er hat seinen Platz gefunden und kann dazu stehen, dass bestimmte Sachen ihm einfach nicht liegen. Das tut seinem Selbstvertrauen gut.

Nicht jeder muss so gewandt reden und auftreten können wie Thomas Gottschalk oder früher Wim Toelke. Lange Zeit habe ich das von mir erwartet, aber dann habe ich gelernt, dass meine Begabungen ganz woanders liegen. Ich kann gut mit Menschen reden. Es gelingt mir, Mitgefühl zu entwickeln und eine Atmosphäre des Vertrauens herzustellen. Daher bin ich nicht Pastor und Prediger geworden, sondern Arzt und Psychotherapeut. In dieser Tätigkeit fühle ich mich kompetent und kann mir selbst vertrauen. Kompetenzvertrauen nennen das Selbstwertforscher.

Wie baut sich Kompetenzvertrauen auf?

1. Ich finde heraus, was ich gerne und gut mache.
2. Lob und positive Rückmeldung meiner Mitmenschen nehme ich dankbar auf und freue mich darüber. Es stärkt mein Selbstvertrauen.
3. Es gibt Dinge, die können andere Menschen viel besser als ich. Und das ist gut so.

Manchmal ist es harte Arbeit, mehr Vertrauen in die eigenen Kompetenzen zu gewinnen.

Bettina ist eine kluge, sehr stille Mitarbeiterin in unserer Kirchengemeinde. Sie ist engagiert und zuverlässig. Gerne gestaltet sie Lesungen im Gottesdienst, und sie ist eine hervorragende Organisatorin, von allen wegen ihrer Verlässlichkeit geschätzt. In Besprechungen sagt sie wenig, was sehr schade ist, denn wenn sie etwas äußert, hat es stets Hand und Fuß. Für sie ist es schrecklich, frei vor anderen Leuten reden zu müssen.

Vor einiger Zeit führten wir in der Gemeinde ein Glaubensseminar durch. Bettina übernahm mit einem anderen Mitarbeiter zusammen die Leitung einer Kleingruppe. Nach dem Ende des Seminars gestand sie mir: „Ich wollte mich eigentlich vom Grundkurs des Glaubens wieder abmelden, denn ich hatte solche Angst vor der Gruppenleitung, und dann haben Sie noch so flapsig gesagt: ‚Na ja, Bettina sagt ja sowieso nichts.‘ Darüber hab ich mich sehr geärgert. Aber in der Nacht hab ich gedacht: Eigentlich hat sie Recht, und ich hab beschlossen, die Gruppenleitung als Herausforderung anzunehmen. Sie ahnen ja gar nicht, was mich das kostet. Wenn ich weiß, abends ist der Kurs, dann schlafe ich die Nacht vorher nicht, und es graut mir schon den ganzen Tag davor. Ich gehe alle Eventualitäten tausendmal in Gedanken durch. Sie wissen doch, wie schwer es mir fällt, mich vor anderen Menschen zu äußern.“

Bei der Nachbesprechung des Seminars stellte sich heraus: Bettina und Wolfgang waren ein hervorragendes Team gewesen. Sie hatten sich optimal ergänzt, und an manchen Stellen hatten gerade Bettinas Äußerungen das Gruppengespräch entscheidend weitergebracht. Im Nachhinein ist Bettina sehr zufrieden mit sich. Sie ist entschlossen, die in sich schlummernden Fähigkeiten weiter zu entwickeln. Sie weiß, dass das ein längerer Prozess ist. Er verlangt ihr immer wieder viel Kraft ab, aber er lässt auch ihr Selbstvertrauen wachsen. Neulich sagte sie zu mir: „In den vier Jahren, in denen ich in der Kirchengemeinde mitarbeite, bin ich schon so viel weitergekommen. Es ist manchmal hart, aber es ist auch sehr wichtig für mich.“

Manche Gaben sind zwar vorhanden, aber sie sind verkümmert, weil sie nicht oder lange Zeit nicht genutzt wurden. Dann sind die ersten Schritte, die Gaben wieder aktiv einzusetzen, oft mit Angst verbunden.

Birgit hatte vor der Geburt ihrer vier Kinder acht Jahre lang als Krankenschwester gearbeitet und diesen Beruf geliebt. Nach 17 Jahren Familienpause wollte sie gerne wieder in ihren Beruf zurück, hatte jedoch große Angst vor dem Wiedereinstieg. Dann fand sie eine Teilzeitstelle in einer Sozialstation. Sie merkte, wie sie mit jedem Arbeitstag sicherer wurde, wie die alten Menschen Zuneigung zu ihr fassten, ihr vertrauten. Sie spürte, dass alle ihre Fähigkeiten noch da waren, und dass es ihr Freude machte, sich neues Wissen anzueignen. Das stärkte wiederum ihr Selbstvertrauen.

Bettina und Birgit haben ihrer Angst getrotzt und einen neuen Schritt gewagt. Das hat sie gestärkt. Eine vierte Regel, Vertrauen in die eigenen Kompetenzen aufzubauen, lautet denn auch:

4. „Selbstvertrauen gewinnt man auch dadurch, dass man genau das tut, wovor man Angst hat, und auf diese Weise eine Reihe von erfolgreichen Erfahrungen sammelt."[20]

Manche Lebenswege oder Erfahrungen hat man sich nicht ausgesucht, sie ergeben sich ungefragt und ungeplant. Gerade wenn man einen solchen Weg annimmt und nicht ausweicht, kann man daran wachsen und erhobenen Hauptes seinen Weg gehen.

Die Schwangerschaft galt als „Schande für die Schule". Sie musste abgehen, ein Jahr vor dem Abi. Da war sie 17. Mit dem dicken Bauch durch die Stadt zu gehen, war ein Spießrutenlauf. Überall diese mitleidigen oder herablassenden Blicke, das Getuschel hinter ihrem Rücken. Zum Glück hielt ihr Freund zu ihr. Gemeinsam standen sie zu den Folgen ihres Handelns. Auch ihre Eltern unterstützten sie. So zogen sie das durch mit dem Baby. Sie wuchs an dieser Erfahrung, lernte echte und falsche Freunde unterscheiden, wurde stark daran. Die Eltern halfen, auf das Kind aufzupassen, der Freund studierte, sie machte eine Ausbildung zur Programmiererin und wurde ziemlich gut in diesem Job. Sie heirateten, bekamen noch 2 Kinder. Bald war sie so erfolgreich in ihrem Beruf, dass der Ehemann zu Hause blieb und sich um Haushalt und Kinder kümmerte. Trotz ihrer Karriere bedeutete die Familie ihr alles, sie bezeichnet sich als „Familientier". Als ihr Mann nach 20 Jahren Ehe starb, war das hart für sie. Aber sie hatte ja früh gelernt zu kämpfen, setzte sich weiter ein für ihre Kinder, für andere Menschen. „Es ist ungeheuer befriedigend, etwas für andere tun zu können", sagt sie. Unter der Regierung von Gerhard Schröder war sie Familienministerin.[21]

Was einst als Schande galt, wird heute mit Stolz in ihren Biografien erwähnt. Was ein Karrierehindernis schien, ist heute einer ihrer Trümpfe. Wer sagt denn, dass nur Leben gelingt, das nach Plan verläuft? Christen jedenfalls glauben: Egal, ob nun Schicksal oder Schuld den vorgesehenen Weg verbauen: Gott schreibt auch auf krummen Linien gerade.

Vertrauen in die eigenen Fähigkeiten ist nicht nur von der eigenen Einstellung abhängig. Wie mich andere Menschen bewerten, was sie von mir halten, wie sie meine Leistungen einschätzen, beeinflusst in hohem Maße den Grad meines Selbstvertrauens.

Manchmal klafft es weit auseinander, wie ich mich selbst einschätze und wie andere mich einschätzen.

„Eigentlich wollte ich nicht wieder für den Kirchenvorstand kandidieren", sagt mir Frau Sonne. „Ich mach ja nichts Besonderes, außer Protokoll schreiben, und das ist ja nun wirklich nicht so bedeutend, also dachte ich, ich werd da nicht gebraucht, da sind vielleicht andere nützlicher."

„Ach", sage ich erstaunt, „gerade gestern hab ich mit dem ersten Vorsitzenden telefoniert, und wissen Sie, was der zu mir gesagt

hat: ‚Die Frau Sonne, die müssen wir unbedingt wieder in den Kirchenvorstand kriegen, die ist so ein Gewinn für uns.'" Frau Sonne nimmt gar nicht wahr, wie wichtig ihre Mitarbeit für die anderen Kirchenvorsteher ist. Auch ihre Arbeit des Protokollschreibens wertet sie ab. Dabei gab es, bevor sie in den Kirchenvorstand kam, am Anfang jeder Sitzung lange Diskussionen, weil keiner diese manchmal lästige und manchmal auch recht schwierige Aufgabe übernehmen wollte.

„Dieses Jazz-Orgelvorspiel hast du aber prima gespielt", sage ich freudestrahlend zu meiner Tochter. „Da hatte ich doch glatt den Impuls, im Takt auf der Kirchenbank mitzuwippen."

„Nein, Papa, das war nicht gut", antwortet sie mit etwas verbissener Miene, „ich war wahnsinnig aufgeregt und habe mich mehrmals verspielt. So eine Blamage!"

Eine unsere jungen Nachwuchsorganistinnen erzählte mir vor einem Gottesdienst, in dem sie spielen sollte: „Letzte Nacht habe ich geträumt, der Kirchenvorstand hätte beschlossen, ich dürfte nicht mehr spielen, weil ich so schlecht bin." Dabei hat sie sich bereits sehr gut eingearbeitet, keiner vom Kirchenvorstand oder aus der Gemeinde hat sich je über ihr Spiel beschwert, im Gegenteil: Alle äußern sich lobend darüber, dass sie schon so gut ist. Der Kirchenvorstand freut sich vielmehr, dass ein junges Mädchen aus seinem Dorf Orgel spielt, und hat außerdem sehr viel Verständnis dafür, dass junge Nachwuchsorganisten erst eingearbeitet werden müssen und nicht von Anfang an perfekt sein können.

Der Anspruch der beiden jungen Damen an sich selbst ist hoch und sehr selbstkritisch. Die Beurteilung anderer fällt dagegen positiv und lobend aus. Die rüden Maßstäbe, die die beiden Organistinnen an sich anlegen, würden relativiert, sie selbst entlastet und gestärkt, wenn sie die Anerkennung anderer in ihr Herz sacken lassen würden.

Der Cellist Gregor Piatigorsky berichtet über sein erstes Zusammentreffen mit dem berühmten Cellisten Pablo Casals: „Er forderte mich auf, mit Rudolf Serkin eine Beethovensonate zu spielen. Wir waren aufgeregt und pfuschten, und Casals rief immer wieder ‚Wundervoll!‘ und ‚Großartig!‘ Am Schluss umarmte er mich, und ich grübelte tagelang, warum er, der doch jeden Fehler gehört haben musste, so begeistert tat. Einige Jahre später traf ich ihn in Paris wieder. Da fasste ich mir ein Herz und gestand ihm meinen Zweifel an der Aufrichtigkeit seines Lobes. Casals griff zu seinem Instrument und spielte einige Takte aus jener Sonate. ‚Haben Sie diese Stelle nicht mit jenem Fingersatz gespielt? Und das hier: Mit Aufstrich, nicht wahr?‘ Ich bejahte. ‚Sehen Sie‘, sprach Casals. ‚Das war wunderbar, und ich bin Ihnen heute noch dankbar dafür. Die Fehler zu zählen, können Sie den Dummen überlassen.‘"

Soziale Kompetenz – Ich sorge für dich und mich

Nur ein Mensch, der Selbstvertrauen hat,
kann das Vertrauen anderer erwerben.
VERA F. BIRKENBIHL

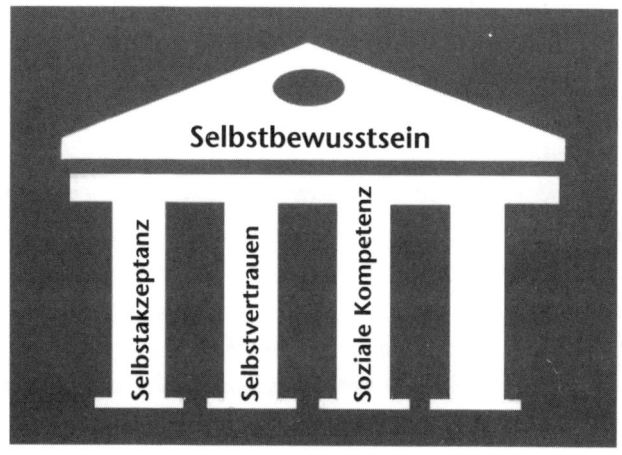

Abbildung 4:
Die 3. Säule Soziale Kompetenz – Ich sorge für dich und mich

Er war der Erste, der zur Arbeit kam und der Letzte, der spät am Abend seinen Schreibtisch wieder verließ. Herr Z. ist leitender Angestellter in einer großen Versicherung. Der freundliche 43-jährige Mann ist gepflegt gekleidet. Etwas gebeugt kommt er in mein Zimmer und erzählt mit unsicherer Stimme von seiner Angst im Umgang mit Vorgesetzten. Auch versage ihm oft die Stimme, wenn er in Konferenzen etwas vortragen müsse. Dann steige richtig Panik in ihm auf. Das Herz schlage ihm bis zum Hals, der Schweiß stehe ihm auf der Stirn. Das alles sei ihm furchtbar peinlich. Manchmal müs-

se er sogar die Sitzung verlassen. In letzter Zeit habe er es weitge-
hend vermieden, in Konferenzen oder Dienstbesprechungen über-
haupt etwas zu sagen. Dabei komme er sich aber klein, unbedeu-
tend und ziemlich nutzlos vor. Um dennoch Anerkennung bei der
Arbeit zu bekommen, versuche er, seine Büroaufgaben besonders
gründlich und korrekt zu erledigen. Daher mache er viele Über-
stunden. Aber an Selbstbewusstsein fehle es ihm dennoch. Er habe
das Gefühl, dass ihn alle nur ausnutzen würden.

Wenn sein Chef ins Zimmer komme, schieße ihm das Blut in
den Kopf und seine Stimme werde ganz unsicher. Er traue sich
dann nicht zu widersprechen, obwohl er sich nachher häufig über
seine Gutmütigkeit ärgere.

Herr Z. kommt zur Psychotherapie, nachdem er unerwartet
und ohne Vorankündigung an einen anderen weniger attraktiven
Arbeitsplatz versetzt wurde. Er fühlt sich übergangen und der Si-
tuation ohnmächtig ausgeliefert. Es gelingt ihm nicht, seine Wut
zu äußern und seinen Unwillen über diese Versetzung zu verbali-
sieren. Stattdessen wird er krank und entwickelt eine Depression.
Schließlich muss er für längere Zeit krank geschrieben werden.

Herr Z. hat große Schwierigkeiten, seine Wünsche zu äußern,
seine Bedürfnisse zu artikulieren und seine Toleranzgrenze abzu-
stecken und zu verteidigen. Schon als Kind versuchte er den Eltern
alles recht zu machen, da Mutter oft schwer krank war und er
Angst hatte, sie würde sterben, wenn er jetzt noch Ärger mache.
Aber Mutter hat bis heute überlebt.

So ist Herr Z. schon früh davon geprägt worden, dass man für
andere da zu sein habe und die eigenen Bedürfnisse zurückgestellt
werden müssten. Vor einer seiner abendlichen Therapiesitzungen
sagte er einmal mitfühlend zu mir: „Und so spät abends müssen
Sie noch arbeiten!"

Herr Z. entwickelte unzureichende Fähigkeiten, für sich selbst
zu sorgen.

Ich frage ihn, ob es Lebensbereiche gibt, wo er sich besser abgrenzen kann und eigene Bedürfnisse äußern kann. Da berichtet er von ausgedehnten Urlauben in verschiedenen Teilen der Welt. Er reist immer mit einer Reisegruppe. In diesem Kontext kann er offenbar ganz im Gegensatz zur Arbeit sehr gut seine Wünsche benennen. Er ist kontaktfreudig und gewinnt viel Sympathie bei den Mitreisenden. Bei der letzten Reise hat er bei der Reiseleitung reklamiert, weil sein Zimmer nicht dem entsprach, was er gebucht hatte. Im Urlaub kann Herr Z. Lebensfreude leben und gut für sich sorgen. Aber sobald er wieder zu Hause ist, ordnet er sich unter und leidet still vor sich hin.

Wie kann Herr Z. die Fähigkeiten, die er im Urlaub zeigt, auch im beruflichen Alltag nutzen?

Als Herr Z. eine Kur macht, gibt ihm der dortige Therapeut am Ende zwei Ratschläge mit auf den Weg: 1. Werde mutiger! (Er riet ihm sogar, sich doch einfach mal ein Cabriolet zu kaufen oder zu mieten und damit stolz durch die Gegend zu fahren!) 2. Lerne dich selbst zu schützen.

Nach seiner Rückkehr aus der Kur besprechen wir Situationen des Alltags unter diesen beiden Aspekten. Eines Tages kommt Herr Z. und berichtet, wie er in der Betriebsversammlung „Klartext" geredet habe und ein Anliegen seines Chefs abgewiesen habe. Er ist ganz stolz auf sich. Auch verbringe er jetzt nicht mehr als maximal 8 1/2 Stunden am Arbeitsplatz. Seine Hobbys Reiten und Schwimmen sowie Klarinette spielen hat er wieder aufgenommen. Die Zeit muss jetzt sein, sagt er mir mit deutlich gelöster Stimme. In einem Restaurant neulich habe er den Tee zurückgehen lassen, weil der nicht heiß war. Das habe ihn Überwindung gekostet, habe ihm aber gut getan.

Eines Tages berichtet Herr Z. von einem Traum: Er ist mit seinem Vater bei einem Flugzeugmodell-Wettbewerb. Sein Flugzeug fliegt mit einer Leichtigkeit, dass er seine wahre Freude daran hat.

Er ist stolz, dass es so lange in der Luft bleibt, ja im Traum gar nicht mehr auf die Erde kommt. Ich frage ihn nach der Grundstimmung im Traum. Er antwortet: „Eine Leichtigkeit des Seins. Ein wunderbares Gefühl von Freiheit, als ob ich in der Nasenspitze des Flugzeuges gesessen hätte." Auch habe er sich in dem Traum in positiver Weise mit Vater verbunden gefühlt.

Herr Z. lernt im Laufe der Therapie noch an vielen anderen Stellen für sich zu sorgen. Er kauft sich eine Eigentumswohnung und ein neues Auto, allerdings kein Cabrio. Aber er besucht jetzt regelmäßig das Fitness-Studio und tut so auch etwas für seinen Körper. Seine Haltung hat sich verändert, er wirkt dynamischer und geht aufrechter.

Er ist immer noch äußerst gewissenhaft, hilfsbereit und korrekt bei seiner Arbeit. Aber gleichzeitig wird er von Kollegen und Chef mehr geachtet, weil er klarere Konturen zeigt und nicht zu allem Ja und Amen sagt.

Herr Z. hat die *Säule der sozialen Kompetenz* ausgebaut. Er bringt seine Überzeugungen und Kompetenzen klarer bei seiner Arbeit ein, was ihm Respekt und Achtung bei seinen Kollegen verschafft. Gleichzeitig sorgt er besser für sich, kann sich abgrenzen und für sich selbst geradestehen. Das wirkt sich bis in die Körperhaltung aus.

Zur sozialen Kompetenz gehört es auch, Grenzen zu ziehen und es auszuhalten, wenn andere sich abgrenzen. *„Ich kann in zwölf Sprachen Nein sagen – das genügt für eine Frau"*, meint Sophia Loren.

Mit anderen Menschen Kontakt aufnehmen und Nähe und Distanz gut regulieren, darum geht es bei dieser Säule. Ich finde gute Kompromisse zwischen den eigenen Bedürfnissen einerseits und den sozialen Anforderungen andererseits.

Diese Balance ist nicht immer gleichmäßig ausgewogen. Es

kann Zeiten geben, in denen die eigenen Bedürfnisse im Vordergrund stehen, und andere, in denen ich meine Bedürfnisse für eine Zeit komplett zurückstelle und mich hundertprozentig für andere einsetze. Wo ich Verantwortung für andere übernehme, auch wenn es mir selbst vordergründig zu schaden scheint.

„Ich habe mich bei allen Kollegen und bei meinem Schulleiter unbeliebt gemacht", erzählt Silke, „der Schulleiter und die Konrektorin hatten im Zentrum der Schule eine Raucherecke eingerichtet, am Verbindungsgang vor dem Schulhof. Direkt dort, wo auch meine Grundschüler vorbeigehen. Die Grundschüler machten teilweise die Tür auf, rochen und sagten: ‚Mm, riecht gut!' Stell dir das mal vor! Das geht doch nicht, was ist denn das für ein Vorbild, und überhaupt, ich finde, Rauchen sollte an der Schule ganz verboten werden, und als Erstes sollten die Lehrer selbst damit aufhören. Das hab ich in der Konferenz vehement so vertreten. Ich weiß, dass noch einige Kolleginnen meiner Meinung sind, aber keine hat mich unterstützt. Selbst meine beste Freundin hat sich komplett bedeckt gehalten. Hinterher sagte sie zu mir, sie wolle ja schließlich noch länger an dieser Schule arbeiten und es sich deshalb mit keinem verderben! Ich war echt enttäuscht von ihr. Die hatten alle Angst, den Schulleiter zu verärgern. Aber das war mir egal, ich will nicht, dass meine Drittklässler sich von den Großen das Rauchen abgucken, und ich hab jetzt auch noch meinen Elternvertreter dafür eingespannt. Das hat geholfen, die Raucherecke wurde erst mal wieder abgeschafft. Der Schulleiter wird mich ein paar Wochen lang wieder nicht grüßen, aber das kenne ich schon, das gibt sich dann irgendwann, denn er weiß ja genau, dass ich gute Arbeit mache."

Vordergründig hat Silke sich mit ihrem engagierten Einsatz für ihre Schüler geschadet und Ärger eingehandelt. Aber hätte sie den Mund gehalten und nichts unternommen, hätte sie ihrem Selbstbewusstsein einen Bärendienst erwiesen: „Ich könnte mir nicht mehr in die Augen sehen, wenn ich das ohne zu protestieren zugelassen hätte. Da erzähl ich den Schülern im Biounterricht, wie gefährlich das Rauchen ist, und dann erlaub ich eine Raucherecke vor dem Schulhof meiner Grundschüler, das passt doch nicht zusammen." Und letztlich weiß sie, dass ihr Schulleiter sie und ihre Arbeit schätzt, ihre offenen Worte, ihren unbedingten Einsatz für die Kinder. – Übrigens erwies sich Silkes Einsatz im Nachhinein als zukunftsweisend, denn ein halbes Jahr später wurde das Rauchen an Schulen vom Kultusministerium grundsätzlich verboten.

Soziale Kompetenz kann also manchmal auch heißen, um anderer willen auf einen vermeintlichen Vorteil zu verzichten, sich ohne Wenn und Aber für jemanden einzusetzen, wenn es dran ist. Das hat dann nichts mit sich ausnutzen lassen zu tun, sondern ist ein aktives Eintreten für Überzeugungen und Werte. Dem Unrecht widerstehen, für Schwache eintreten, das lässt Menschen aufrecht werden. Sich dem Unrecht fügen und nur den scheinbaren augenblicklichen Vorteil suchen, macht sie gebückt.

Beispiele sozial kompetenter Verhaltensweisen finden Sie in der folgenden Tabelle:

- Nein sagen
- Versuchungen zurückweisen
- Auf Kritik reagieren
- Änderungen bei störendem Verhalten verlangen
- Widerspruch äußern
- Unterbrechungen im Gespräch unterbinden
- Schwächen eingestehen
- Unerwünschte Kontakte beenden
- Komplimente akzeptieren
- Auf Kontaktangebote reagieren
- Gespräche beginnen
- Gespräche aufrechterhalten

- Gespräche beenden
- Erwünschte Kontakte arrangieren
- Um Gefallen bitten
- Komplimente machen
- Gefühle offen zeigen

Abbildung 5: Beispiele sozial kompetenter Verhaltensweisen (nach Gambrill 1995)[22]

Ich trete für meine Rechte ein

Sobald du dir vertraust, sobald weißt du zu leben.

MEPHISTO IN GOETHES FAUST.

Die 17-jährige Melanie hat im Supermarkt Bio-Tomaten gekauft. Sie waren im Sechserpack eingeschweißt. Zu Hause stellt die Mutter fest: Alle Tomaten sind an den Stellen, wo die Blüte sitzt, schwarz und schimmelig. Sie waren einfach in der Zellophanpackung zu eng zusammengepresst. Die Mutter sagt zu Melanie: „Bitte bring die Tomaten zurück. Du hast so viel Geld für diese Biotomaten bezahlt, da kann es nicht angehen, dass die alle schimmelig sind. Lass dir neue geben, oder bitte darum, dass man dir das Geld zurückgibt."

„Das traue ich mich nicht", sagt Melanie. „Du weißt genau, ich kann das nicht. Es ist mir so peinlich, da gebe ich dir das Geld für die Tomaten lieber von meinem Taschengeld."

Die Geschwister verdrehen die Augen. Mutter gibt nicht so schnell auf: „Was könnte denn Schlimmes passieren, wenn du die Tomaten zurückbringst?"

„Ich weiß nicht, das ist einfach so peinlich, dann gucken alle,

*und wer weiß, ob die Verkäuferin das akzeptiert, dann muss ich
mich nachher vor allen Leuten mit der streiten.*"

*"Ich hab in dem Supermarkt schon mal schimmeligen Frisch-
käse zurückgegeben", mischt sich der große Bruder ein, „das
muss doch denen peinlich sein, wenn die schimmelige Lebensmit-
tel verkaufen, nicht dir. Mir haben sie den Käse problemlos um-
getauscht. Du wärst ja wohl blöd, wenn du Mama die Tomaten
von deinem Taschengeld bezahlst!"*

Verhalten kann man trainieren. Viele Menschen erleben in der
Kindheit keine optimalen Voraussetzungen, um Selbstsicherheit
zu gewinnen. Es ist jedoch nie zu spät, das nachzuholen. Keiner
muss sich lebenslang mit dem Status quo des Mauerblümchens
begnügen. Sicher, manchmal ist es harte Arbeit und erfordert viel
Mut, sein Recht einzufordern, statt zu schmollen. Übrigens
scheint das Menschen, die in einer mittleren Geschwisterposition
aufgewachsen sind, schwerer zu fallen. Sie mussten mit den Geschwistern über sich und denen unter sich auskommen, hatten oft
eine Vermittlerrolle, können sich gut anpassen und suchen eher
diplomatische Lösungen. Aber in bestimmten Situationen kommt
man allein damit nicht weiter, da braucht man Abgrenzung und
Durchsetzungsvermögen. Das lässt sich auch im Jugendlichen-
und Erwachsenenalter noch gut einüben. Es gibt Seminare, in denen man Verhaltensweisen, die das Selbstbewusstsein stärken,
richtig trainieren kann. Sie wurden zuerst von den Psychologen
Rüdiger Hinsch und Ulrich Pfingsten entwickelt.[23] Hinsch und
Pfingsten sind überzeugt: Wenn man selbstsicheres Verhalten sys-
tematisch einübt, wird es mehr und mehr zur Gewohnheit. Je
mehr diese selbstsichere Verhaltensgewohnheit einem Menschen
in Fleisch und Blut übergeht, desto mehr prägt sie ihn. Er entwickelt sich zur selbstsicheren Persönlichkeit. In der untenstehenden
Pyramide ist dieses Denkmodell schematisch dargestellt.

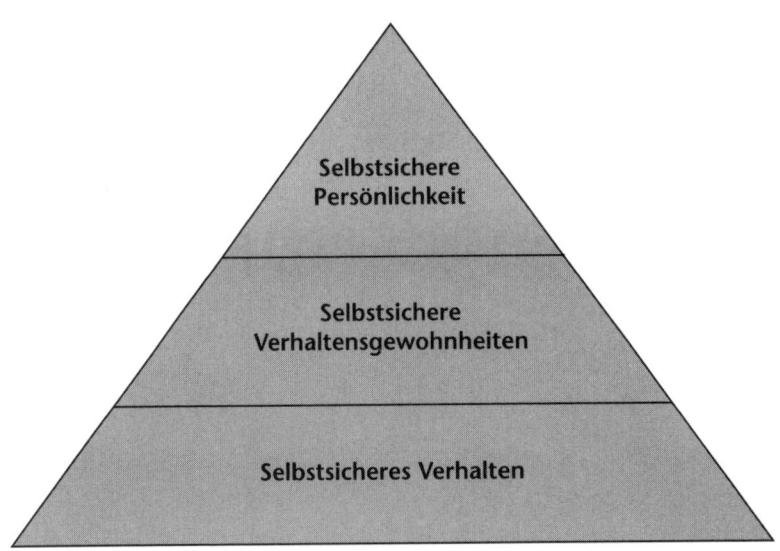

Abbildung 6: Selbstsicherheitspyramide,
leicht abgewandelt nach Hinsch und Pfingsten[24]

In verschiedenen Trainingseinheiten üben die Teilnehmer anhand
von Alltagsbeispielen selbstsicheres Verhalten ein. In der ersten
Trainingseinheit geht es um das *Durchsetzen berechtigter Ansprü-*
che: Ich kaufe eine neue Kaffeekanne. Zu Hause merke ich, dass
ein kleiner Kratzer auf der Kanne ist. Mein berechtigter Anspruch
ist nun, diese Kanne umzutauschen in eine unbeschädigte oder,
wenn das nicht möglich ist, mein Geld zurückzuverlangen. Im
Rollenspiel üben die Teilnehmenden, die Kanne in souveräner
Haltung zurückzugeben.

Das fällt einem selbstunsicheren Menschen schwer. Er spricht
mit leiser zaghafter Stimme. Das Gegenüber bekommt nicht den
Eindruck, dass wirklich Kraft und Überzeugung hinter dem stehen, was er sagt. In der Übung lernt er, seine Ansprüche vernehm-
lich, klar und deutlich geltend zu machen. Und ruhig: Brüllen und

Schreien sind kein Ausdruck eines guten Selbstbewusstseins. Er lernt außerdem, sein Anliegen eindeutig zu formulieren und nicht übervorsichtig, etwa in der Art: *„Ich glaube, meine neu gekaufte Kaffeekanne hat einen kleinen Kratzer. Meinen Sie, dass die Kanne da anfangen kann zu rosten, oder ist das nicht so schlimm?"* Besser ist es, bestimmt und eindeutig zu sagen: *„Ich möchte diese Kaffeekanne umtauschen, denn sie hat einen Kratzer. Falls Sie keine unbeschädigte Kanne mehr da haben, möchte ich mein Geld zurück."*

Gestik und Mimik unterstreichen das Anliegen durch Blickkontakt und aufrechte, aber entspannte Körperhaltung. Eine aufrechte Körperhaltung macht sehr viel aus, sie unterstützt das Anliegen des Betroffenen verstärkend. Übrigens haben es da große Menschen leichter als kleine. Sie wirken grundsätzlich selbstsicherer, auch wenn sie es oft gar nicht sind.

Um selbstsicher aufzutreten, haben sich folgende 10 Tipps bewährt:

1. Reden Sie laut und deutlich.
2. Schauen Sie Ihrem Gesprächspartner mindestens zweimal in die Augen, während Sie ihn ansprechen.
3. Nehmen Sie eine aufrechte, aber entspannte Körperhaltung ein.
4. Drücken Sie Forderungen, Wünsche und Gefühle in der Ichform aus.
5. Beginnen Sie mit dem, was Sie wollen, und fügen die Begründung dann an.
6. Entschuldigen Sie sich nicht für etwas, das Ihr berechtigtes Anliegen ist.
7. Bleiben Sie ruhig und vermeiden Sie aggressives Verhalten.
8. Werten Sie Ihren Partner nicht ab, sondern würdigen ihn in seiner Art. Dabei können Sie ruhig Verständnis für sein Ver-

halten äußern, ohne die berechtigten eigenen Ansprüche zu relativieren.

9. Belohnen Sie sich für jeden kleinen Fortschritt, bei dem es Ihnen gelungen ist, Ihre Wünsche zu äußern.

10. Seien Sie geduldig und werten Sie sich selbst nicht ab.[25]

Melanie schaffte es übrigens, die Tomaten zurückzubringen. Es kostete sie große Überwindung, aber als sie sich einmal dazu aufgerafft hatte, funktionierte es völlig reibungslos.

Neinsagen will gelernt sein

In einer weiteren Trainingseinheit geht es um *Selbstsicherheit in Beziehungen*. Die Teilnehmer lernen positive oder negative Gefühle angemessen zu äußern und die Äußerungen des Partners zu verstehen. Aber auch „Nein" sagen muss gelernt sein, um sich selbst zu schützen. In Situationen, in denen Hilfe gefragt ist, haben Menschen oft das Gefühl, nicht Nein sagen zu dürfen. Aber wer nie Nein sagt, fühlt sich irgendwann ausgenutzt und minderwertig.

Frau A. fällt es schwer, Nein zu sagen, weil sie ganz schnell das Gefühl bekommt, nicht gemocht zu werden und die Zuwendung und Sympathie des anderen zu verlieren. Das hat etwas mit ihrer Lebensgeschichte zu tun. Als Kind hat sie nicht erfahren, dass sie sich abgrenzen darf und trotzdem geliebt wird. Die Eltern hatten ein Hotel, und da musste sie immer helfen. An erster Stelle standen die Wünsche und Ansprüche der Gäste. Was sie wollte, wurde nicht gehört. Die Mutter habe immer gesagt: Kinder haben zu schweigen, wenn Erwachsene reden. Leider redeten die Erwachsenen in der Familie von Frau A. permanent, sodass sie meistens schweigen musste. Durch Anpassung und Bravsein versuchte sie die Liebe der Eltern zu bekommen, war sich derer aber nie sicher. Heute, als erwachsene Frau, spürt sie deutlich, dass es ihr nicht gut tut, wenn sie sich gegen die eigene innere Stimme nach außen angepasst verhält. Sie bekommt dann schlimme Angstzustände, in denen die Angst übermächtig wird und sie überflutet. In solchen Fällen empfindet sie einen riesigen Druck, den sie loswerden muss. Entweder geht sie maßlos einkaufen und gibt mehr Geld aus, als sie besitzt, oder sie greift auf ein in ihrer Familie „bewährtes" Mittel zurück: Sie trinkt Alkohol. Manchmal hilft das alles nicht, dann ritzt sie mit einem Messer die Unterarme. Durch den Schmerz fühlt sie sich ganz intensiv. Sie hat das Gefühl, der Druck lässt nach.

Vor einigen Jahren hat Frau A. John, einen amerikanischen Missionar, kennen gelernt, der eine Zeit lang in derselben Kirchengemeinde mitarbeitete wie Frau A. Er mochte Frau A. sehr und schätzte besonders ihre kreativen und organisatorischen Fähigkeiten. „Für John bin ich wichtig und wertvoll", sagt Frau A. Er ist seit Längerem der erste Mensch, der Frau A. annimmt, wie sie ist und ihr etwas zutraut. Aber das ruft auch alte Verhaltensweisen und Ängste hervor. Frau A. will den guten Kontakt zu John auf keinen Fall gefährden. Daher sagt sie immer zu, wenn John etwas von ihr möchte und sie um einen Gefallen bittet. Selbst wenn sie spürt, dass sie eigentlich Nein sagen müsste, versucht sie Johns Wünsche zu erfüllen. John ist mittlerweile als Missionar in Südthailand tätig und kommt etwa zweimal im Jahr über Deutschland geflogen. Dann taucht er unverhofft bei Frau A. auf, denn Frau A. organisiert seine Spenden in Deutschland. „Wenn er doch einmal rechtzeitig mailen würde, wann er kommt, dann könnte ich alles in Ruhe organisieren", sagt sie. Aber John ist spontan und hat ein unendliches Gottvertrauen, dass alles nach seinen Vorstellungen klappt und seine lieben Mitmenschen bereit sind, mit ihm Zeit zu verbringen, sobald er auftaucht. Wenn es ihnen nicht passt, können sie es ja sagen, denkt er. Frau A. ist klar, dass sie das lernen muss. Zwischen zwei Therapiestunden bekomme ich einen Brief von ihr:

„Mit John ist es doch etwas anders gelaufen, als es sollte. Ich verstehe nicht, wie ich so blöd sein kann! John hat angerufen und gebeten, ob ich das Spendengeld für ihn abheben könnte, er würde es dann bei mir abholen. Ich bin wie immer ohne jede Überlegung sofort losgerannt. Das ist mir nicht gut bekommen. Ich bin mit dem Bus nach Kassel reingefahren zur Sparkasse und habe das Geld abgeholt. Wieder zurück, rief John an und sagte, er wäre auf dem Weg. Ich sagte ihm, wie viel Geld ich abgehoben hatte, es war eine stattliche Summe, und er rief ‚Halleluja‘. Ist irgendwie witzig, nicht? Jedenfalls war ich zu Hause und wartete auf John. Es war gegen 14.40 Uhr, da rief er wieder an, er könne es zeitlich nicht schaffen. Er fragte, ob es mir möglich sei, mit dem Zug nach Northeim zu kommen. Wir würden uns dort am Bahnhof treffen und etwas Zeit miteinander verbringen können. Ich sagte okay und war sofort auf dem Sprung. Keine fünf Minuten später war ich bereits unterwegs zur Stadtbushaltestelle. Als ich dort ankam, stellte ich fest, ich hatte mein Handy vergessen. Das würde ich aber benötigen, um mit John in Kontakt treten zu können. Also musste ich den ganzen Weg zurückgehen und es holen. Darüber ist natürlich ein Bus weggefahren. Ich war total in Hektik, rannte wie aufgescheucht hin und her und war völlig außer Atem, als ich endlich in dem Bus saß mit dem Handy in der Tasche. Ich war so außer Atem, dass ich Panik hatte, keine Luft mehr zu bekommen. Und ich wusste nicht, wann ein Zug in Kassel abfahren würde. Am Bahnhof ging ich an den Fahrkartenautomaten. Es war 15.18 Uhr. Der nächste Zug ging 15.26 Uhr. Ich machte mehrere Eingabefehler, sodass ich mein Ticket für die Hinfahrt erst 15.24 Uhr in Händen hielt. Außerdem rief John in

dem Moment an. *Ich würgte ihn ab, sagte, er solle sich in fünf Minuten wieder melden, ich müsse erst mal den Zug erwischen. Und ich rannte los.* Der Schaffner pfiff schon zur Abfahrt, aber ich konnte noch unter seinem Arm hindurch in den Zug springen. Der war völlig überfüllt. Ich stand da und hielt mich fest und schwitzte wie irre und bekam keine Luft, und dieses Mal schien es ewig zu dauern, bis ich wieder einigermaßen zu Atem kam. Ich dachte, ich kippe um. Diese Zeit im Zug – ich hatte keinen Empfang mit dem Handy. Ich versuchte John zu erreichen. Aber es ging nicht, auch als ich in Northeim war, erreichte ich ihn nicht. Und dann saß ich in Northeim auf dem Bahnhofsvorplatz, furchtbar abgehetzt, und wartete. Er meldete sich nicht. Es war 16.30 Uhr. Er muss gewusst haben, dass ich längst in Northeim bin. Ich saß da und wartete 1 3/4 Stunden, und ich war immer mehr weggetreten und sauer auf mich und sauer auf John. Er hätte doch wenigstens anrufen können, was ist, ob er noch kommt. Warum konnte ich nicht einfach in den nächsten Zug steigen und zurückfahren? (Das zumindest hat mich später mein Sohn gefragt, er hätte maximal eine Stunde gewartet.) Endlich klingelte das Telefon. Es war sehr unwirklich. John fragte, wo ich sei. Ich erwiderte, in Northeim. Er sagte, er auch, er würde mich finden. Ich ging die Treppe hinab in den Tunnel, und da kam John mir entgegen. Er sah nur einmal in mein Gesicht und sagte, du hast geglaubt, ich komme nicht mehr. Ich habe nur genickt. Eine hastige Umarmung, dann wandte er sich um und ging wieder zu seinem Auto. Dort gab ich ihm das Geld. Er unterschrieb die Quittung. Dann sagte er, er müsse los, er müsse sein Flugzeug bekommen in Frankfurt. Ich dachte, ich breche zusammen. John schlug die Beifahrertür zu und ging zur Fahrerseite. Von da sah er noch einmal zu mir hinüber, sah mein Gesicht und meinte, steig ein, komm mit nach Frankfurt, wir können reden unterwegs, ich zahle das Ticket zurück, ich fahre aber sehr schnell. Ich sagte, ich hätte Angst, wenn* *jemand so schnell fährt. Und es wäre mir zuviel. Dann sagte er, er müsse los. Er wolle mir nur eines sagen: Sei ermutigt! Das sei immer sein Spruch, sei ermutigt. Und er stieg ein, winkte noch einmal und fuhr davon. Und ich stand dort auf dem Parkplatz und schaute ihm wie betäubt hinterher. Das konnte doch nicht wahr sein! Das war doch wohl ein schlechter Scherz. Ich weiß kaum, wie ich zurück nach Hause kam. Ich fuhr dann mit dem Bus erst einmal zu meiner Freundin Luise. Sie sah mich und dachte, es sei etwas Schlimmes passiert. Ich erzählte ihr meine Story und meinte, auf solche Freunde könne ich sch... Sie meinte, es war gut, nicht direkt nach Hause zu fahren, aber geschnitten habe ich mich dann doch noch.*

Im Nachhinein bin ich ziemlich wütend. Ich fühle mich von John ausgenutzt. Muss sich denn alles seinen Wünschen unterordnen, zähle ich denn überhaupt nicht? So viele Jahre springe ich, wenn er Hü sagt, und mache die Arbeit hier in Deutschland für ihn. Das scheint alles selbstverständlich zu sein. In seinen Rundbriefen berichtet er über jeden, der mal irgendwo aushilft. Über mich hat er noch nie ein Wort verloren. Aber es ist auch derselbe John, der damals, als ich in der Klinik war, aus Amerika angereist ist, um mich zu besuchen, und da hatte er sehr viel Zeit für mich. Ich versuche wirklich, das ausgewogen zu sehen. Nicht nur schwarz. Es ist nicht nur schwarz. Aber in mir im Moment schon."

Frau A. hatte erst überlegt, diesen Brief an John zu schicken. Sie hat es dann doch nicht getan. Denn schließlich geht es um sie, darum, dass sie lernt, sich abzugrenzen, Nein zu sagen und für sich zu sorgen. Wenn der andere rücksichtsvoller wird, ist das schön, aber stark werden würde Frau A. dadurch nicht.

In der Therapie sprachen wir darüber, dass sie John sagen muss, was sie verletzt hat, und dass sie so eine überstürzte

Aktion nicht mehr mitmachen werde. In der Tat kam es kurze Zeit später zu einer Aussprache mit John, der sehr betroffen war und antwortete: „Hättest du doch gesagt, dass es dir zu viel wird, dann wäre das für mich kein Problem gewesen. Ich kenne dich doch. Du bist uns so wichtig. Und das Spendengeld hättest du ja ohne Weiteres auch überweisen können. Es tut mir Leid, dass ich nicht gemerkt habe, dass ich dich überfordert habe. Das nächste Mal sagst du mir, wenn es dir nicht passt."

Frau A. hatte befürchtet, sie werde von John abgelehnt, wenn sie sich nicht nach seinen Wünschen richtet. Aber das war nicht so.

Oft können unsere Mitmenschen es sehr gut respektieren, wenn wir deutlich unsere Meinung und Wünsche äußern. Besser, als wenn wir unsere Gefühle unterdrücken und nur angepasst reagieren.

Jetzt trainiere ich mit Frau A., Nein zu sagen, um ihr Selbstbewusstsein zu stärken und ihre selbstzerstörerischen Reaktionen überflüssig zu machen.

Neulich brachte Frau A. eine Liste von Erlebnissen mit in die Therapie, bei denen es ihr gelungen war, Nein zu sagen.

Ich machte in der letzten Oktoberwoche Urlaub in Sachsen mit geplantem Höhepunkt Einweihung der Frauenkirche am 30.10.2005. Meine Mutter wollte eigentlich unbedingt mitkommen, aber ich bin alleine gefahren. Gleich am zweiten Tag bekam ich die Mitteilung, meine Mutter sei mit Verdacht auf Schlaganfall ins Krankenhaus gekommen. Dann rief mein Sohn Micha an und wollte, dass ich sofort alle Zelte abbreche und nach Hause komme wegen meiner Mutter. Ich sagte, er solle mich auf dem Laufenden halten. Ehe ich nichts Genaueres wüsste, würde ich nicht abreisen. Und ich hatte eine Stinkwut auf meine Mutter, weil ich ihr das nicht glaubte. In der Folge stellte sich heraus, dass alles nur falscher Alarm war. Meine ältere Schwester sagte, bleib bloß, wo du bist, die will dich doch nur strafen, weil du ohne sie gefahren bist.

Frau A. ist durch die Therapie ein großes Stück weitergekommen. Sie spürt ihre Wut und kann die darin enthaltene Kraft nutzen, um sich zu schützen statt sich selbst zu verletzen. Das zeigt sich bei unserem Gespräch über die beschriebene Situation: Ich frage Frau A., wie sie es geschafft habe, so standhaft zu bleiben. „Ich war so wütend", antwortete sie. „Da hatte ich die Kraft, Nein zu sagen. Und das war auch viel besser. Wäre ich sofort umgekehrt und zur Mutter gefahren, hätte ich mich furchtbar geärgert, aber als gute Tochter hätte ich den Ärger nicht zeigen dürfen. Ich glaube, ich hätte mich anschließend wieder geritzt, um den inneren Druck loszuwerden. Das wäre mir nicht gut bekommen." Frau A. ist jetzt richtig stolz auf sich. Selbst ihr Sohn Micha sagte ihr vor ein paar Tagen, das habe sie richtig entschieden.

Ich gehe auf andere zu

In einem dritten Trainingsabschnitt geht es darum, *Sympathie bei dem Gegenüber* zu gewinnen.

Man möchte doch, dass andere einen sympathisch finden. Wie gelingt das?

In vielen Situationen des Lebens ist es zudem nützlich, Sympathien zu erwerben. Häufig sagen mir Patienten, dass ihnen ihr mangelndes Selbstbewusstsein dabei im Wege stehe, von ihren Mitmenschen anerkannt zu werden. Sie ziehen sich immer mehr zurück und wagen es nicht, auf andere zuzugehen. Das wiederum schwächt ihr Selbstbewusstsein, und sie kommen sich klein und unscheinbar vor.

Herr Z. liest in der Zeitung von einem Schnupperkurs im Golfspielen. Golfspielen hat ihn schon immer interessiert. Aber er dachte: ‚Das ist nur etwas für die Reichen und Schönen im Lande. Außerdem muss man geschickt sein, souverän den Ball abschlagen und mindestens mit einem Cabriolet vorfahren. Das ist nichts für dich. Da passt du nicht hin.' Er hat sich bisher nie getraut, auch nur mal auf den nahe gelegenen Golfplatz zu gehen und sich dort umzuschauen.

Als er jetzt den Zeitungsartikel liest, denkt er: ‚Warum versuchst du es nicht einfach. Schnuppern kannst du doch mal, dabei vergibst du dir ja nichts. Jeder fängt mal an.' Herr Z. meldet sich an. In der nächsten Stunde berichtet er begeistert: „Wir waren acht Leute, die alle zum ersten Mal Golf spielten. Rasch kamen wir ins Gespräch darüber, welche Vorbehalte wir bisher gegenüber diesem Sport hatten. Nach dem Kurs gingen wir noch zusammen mit dem Golflehrer in die Bar und tranken etwas. Dabei haben wir uns sehr angeregt über unsere ersten Erfahrungen mit diesem Sport unterhalten." Herr Z. ist stolz, dass er diesen Schritt getan hat. Er hat Sympathie gewonnen bei Menschen, die er bisher noch gar nicht kannte.

Sympathie gewinnen und selbstsicher Kontakt mit Menschen aufnehmen, wie macht man das?

Die einfachste Möglichkeit ist das interessierte Zuhören und die Verstärkung des anderen. So kann man nachfragen, wenn man etwas nicht verstanden hat, den anderen freundlich anlächeln oder auch Komplimente machen. Ernstgemeinte Komplimente hört jeder gerne.

Um Sympathie bei einem Menschen zu gewinnen, empfehlen wir Ihnen folgende Strategie:

1. Sprechen Sie sich selbst Mut zu, wenn Sie auf andere Menschen zugehen wollen. Zum Beispiel: Fragen kostet nichts. Oder: Einen Versuch ist es wert. Oder: Ich bin mutig und stark.

2. Eine wichtige Technik, um Sympathie bei einem anderen Menschen zu erzielen, ist es, Interesse für seine Arbeit und Lebenswelt zu zeigen: interessiertes Zuhören – freundlich anlächeln – ehrlich gemeinte Komplimente.

3. Bestätigen Sie jede Äußerung Ihres Gesprächspartners, die Ihnen gefällt, durch Worte und Gesten.

4. Dabei ist der Blickkontakt wichtig. Lächeln kann Wunder bewirken.

5. Um ein Gespräch zu beginnen, greifen Sie die konkrete Situation auf. Sie liefert oft den leichtesten Einstieg in eine Kommunikation: z.B.: Ich bin zum ersten Mal hier auf dem Golfplatz. Die Anlage gefällt mir sehr gut. Waren Sie schon mal hier?

6. Greifen Sie persönliche Äußerungen Ihres Gesprächspartners gezielt auf und fragen Sie nach. So wird der Kontakt zunehmend persönlich gestaltet.

7. Wenn Sie Ihren Gesprächspartner sympathisch finden, erzählen Sie etwas von sich. Damit geben Sie Ihrem Partner die Gelegenheit, auch selbst etwas Persönliches mitzuteilen.

8. Registrieren Sie die Reaktion Ihres Gesprächspartners. Geht er auf Ihr Gesprächsangebot nicht ein, dann nehmen Sie es als Signal, dass er sich zu diesem Zeitpunkt eher noch abgrenzen will. Respektieren Sie diese Grenze. Es ist sein gutes Recht. Beziehen Sie diese Reaktion nicht auf Ihre Attraktivität.

Wie ein Mensch soziale Kompetenz lernt –
Ein Ausflug in die Neurobiologie

Starke Menschen
sind wie Bäume
die einzeln stehen
mit tiefen Wurzeln
mit einer Krone
die sich weitet
zum schützenden Dach
ANNEMARIE SCHNITT

Der kleine Tim war ein anstrengendes Kind. Er war sehr neugierig, nahm alles auseinander, was er in die Finger bekam, war immer in Bewegung. Nie konnte die Mutter mal mit einer Freundin in Ruhe Kaffee trinken oder telefonieren, sie war immer innerlich auf dem Sprung, weil Tim in Schränken stöberte, Geräte auseinander schraubte, Puppen aufschlitzte und ihr Innenleben untersuchte, den Hund im Klo einsperrte oder die Katze auf dem Gepäckträger seines Fahrrads spazieren fuhr. Ständig testete er seine Grenzen und reizte sie bis zum Äußersten aus. Er zeigte aggressives Verhalten gegenüber anderen Kindern und schien manchmal mutwillig Sachen zu zerstören. Wenn die Eltern abends ausgingen, probte Tim mit jedem neuen Babysitter einen Machtkampf, der meist damit endete, dass er, wenn die Eltern nachts zurückkehrten, triumphierend neben dem ermatteten Babysitter auf dem Sofa saß, statt schlafend im Bett zu liegen.

Die Eltern waren manchmal ganz verzweifelt. Mit besten Vorsätzen hatten sie dieses Kind bekommen. Sie wollten anders sein als ihre eigenen Eltern, nicht so autoritär, schon gar nicht ihr Kind schlagen oder seinen Willen brechen, sie wollten Verbote erklären, mit dem Kind spielen, auf seine Bedürfnisse eingehen, Zuwen-

dung geben. Aber sie spürten, dass bei diesem starken Kind ihre guten Vorsätze nicht ausreichten. Tim brauchte zudem klare Regeln, Grenzen, eine feste Hand, und er musste Konsequenzen seines Tuns spüren.

Mit den Babysittern beispielsweise wurde besprochen, dass sie es nicht akzeptieren sollten, wenn Tim wieder ins Wohnzimmer kam, nachdem er ins Bett gebracht worden war. Freundlich, aber bestimmt sollten sie ihn wieder ins Bett bringen. Sie konnten die Tür zum Kinderzimmer offen lassen und im Flur Licht brennen lassen, aber dem Kind wurde nicht erlaubt, im Wohnzimmer zu bleiben. Tim protestierte anfangs natürlich und probte den Aufstand, aber als er spürte, dass es punkto Zubettgehen keinen Verhandlungsspielraum gab, ließ er sich erstaunlich schnell darauf ein und schlief später stets friedlich, wenn die Eltern nach Hause kamen.

Nicht alle Kleinkinder sind so anstrengend wie Tim, aber auch „pflegeleichte" Kinder brauchen Erziehung. Durch Erziehung wird das Gehirn des Kindes überhaupt erst strukturiert. Es wird nämlich zunächst mit einem ziemlich unfertigen Gehirn geboren.

Man kann es sich wie das Betriebssystem auf einer riesigen Festplatte mit einem Hochleistungsprozessor vorstellen: Dies Betriebssystem muss ganz individuell eingerichtet werden, so ähnlich wie wir das Betriebssystem Windows auch individuell für die Bedürfnisse unseres Computers einrichten. Der Prozess des Einrichtens und Installierens von neuen Programmen entspricht den Jahren der Kindheit, in denen der kleine Mensch so viel lernt und geprägt wird wie später nie wieder im Leben.

Die Kunst das menschliche Gehirn so zu programmieren, dass wir soziale Kompetenz, Liebe, Rücksicht, Verantwortung, aber auch Durchsetzungsvermögen entwickeln, ist denjenigen am besten gelungen, die in Familien zusammenlebten, meint der Göttinger Neurobiologe Gerald Hüther.

Die Familie bietet Kindern all das an, was sie zur optimalen Hirnentwicklung brauchen: Sicherheit und Geborgenheit sowie eine große Vielfalt von Anregungen.

„Keine dieser Fähigkeiten, auf die wir als Menschen so besonders stolz sind und die unser Selbstverständnis ausmachen, ist angeboren, geschweige denn durch ein genetisches Programm gesteuert. Sie müssen in einem ziemlich langwierigen Entwicklungsprozess von einer Generation zur nächsten weitergegeben werden", so Hüther[26]. Rücksicht, Verantwortung, Durchsetzungsvermögen werden also erlernt, sind lernbar.

Eltern geben Hilfestellung, damit sich, in neurobiologischer Sprache ausgedrückt, Nerven im Gehirn so verschalten, dass sich soziale Kompetenz und die hohen kulturellen Werte herausbilden, die das Leben als Mensch menschlich machen.

Im Vorderhirn laufen all diese komplexen Verschaltungen zusammen. Dort werden beim kleinen Kind die Nervenzellen besonders intensiv verknüpft. Bilder von uns selbst und unserer Stellung in der Welt entstehen in diesem Teil des Gehirns. Ohne Vorderhirn (Frontalhirn) könnte der Mensch sich nicht in andere Menschen hineinversetzen oder Verantwortung für sein Handeln übernehmen. Durch das Frontalhirn unterscheidet er sich am deutlichsten vom Tier.

Erziehung strukturiert vorwiegend diesen Bereich des Gehirns. Die Nervenverschaltungen im Vorderhirn entwickeln sich nicht von selbst. Sie bilden sich aus durch Vorbilder und Erfahrungen, die das Kleinkind macht. Die Neurobiologie hat diese Zusammenhänge erst in jüngster Zeit entdeckt.[27]

Es ist also ein aufwändiger Lern- und Übungsprozess, in dem Kinder soziale Kompetenz und innere Orientierung gewinnen und dafür die entsprechenden Verschaltungen im Gehirn bilden.

Damit diese Entwicklung funktionieren kann, braucht das Kind Geborgenheit. Die Familie bietet die ideale Voraussetzung dafür und hat sich nicht zufällig als übliche Lebensform durchgesetzt, so Hüthers Überzeugung.

Kinder brauchen weiterhin die Möglichkeit, sich auszuprobieren, Grenzen zu erkennen, Konflikte zu lösen, Verantwortung für ihr Handeln zu übernehmen, Konsequenzen ihres Handelns zu spüren, mit ihrem eigenen Willen an Grenzen zu stoßen. Das ist die zweite wichtige Voraussetzung dafür, dass Hirnverschaltungen sich gesund entwickeln. Grenzen machen das Gehirn alltagstauglich und liefern den Rahmen für das sich entwickelnde Selbstbewusstsein.

Eltern, die ihren Kindern alle Probleme abnehmen, verhindern diese wichtige Entwicklung.

Darum war es sehr wichtig für Tim zu spüren: Zeitiges zu Bett gehen war nicht verhandelbar. Nachdem er das einmal begriffen hatte, funktionierte es reibungslos, und Eltern, Babysitter wie auch Tim selbst waren entlastet. Grenzen geben auch Sicherheit und Geborgenheit.

Im Alter von 3 bis 6 Jahren lernen Kinder, dass sie sich von anderen unterscheiden. Sie lernen, dass sie etwas anderes wollen können als zum Beispiel ihre Eltern. Wir nennen das dann die Trotzphase. Kinder in dieser Phase zu erziehen ist zugegebenermaßen anstrengend. Sie brauchen jetzt vernünftige Verbote und Regeln, um vor Gefahr geschützt zu sein und Grenzen des eigenen Willens kennen zu lernen.

Eltern, die alles erlauben oder inkonsequent sind, verhindern, dass sich beim Kind vernünftige Hirnverschaltungen einspielen, auf die es später zurückgreifen kann. Dann wird sich beim Erwachsenen ein Hang zur Bequemlichkeit und zum Konsumieren einstellen, bei dem das „Ich" zum einzigen Brennpunkt der Aufmerksamkeit wird. Mit verheerenden Folgen fürs Selbstbewusstsein, denn wer seinem Kind alles abnimmt, vermittelt ihm zugleich: Ich traue dir nicht zu, dass du dieses Problem selbst lösen kannst.

Tim musste zum Beispiel Dinge, die er auseinander genommen hatte, selbst wieder zusammensetzen (mithilfe seines Vaters meistens), was oft sehr mühselig war, ihn aber auf Dauer bedachtsamer mit Gegenständen umgehen ließ. Später musste er etwas von seinem Taschengeld abgeben, wenn er Sachen kaputtgemacht hatte. Einmal warf er mit seinem Freund die Fensterscheibe eines Schweinestalls beim Nachbarn ein. Der Nachbar war ein etwas unzugänglicher und verschlossener Mensch. Er hatte keine eigenen Kinder und war Kindern auch nicht sehr zugetan, jedenfalls vermittelte er den Eindruck. Erbost klingelte er bei Tims Eltern und beklagte sich über die kaputte Scheibe. Die Eltern stellten Tim zur Rede und verlangten von ihm, die Sache in Ordnung zu bringen: Tim und sein Freund mussten zum Nachbarn gehen, sich entschuldigen und von ihrem Taschengeld die Scheibe bezahlen. Das kam die Jungen hart an, aber ihnen fiel auch keine bessere Lösung ein. Der Nachbar war nicht besonders freundlich, er riss ihnen jedoch auch nicht den Kopf ab, und als sie nach dem Preis der Fensterscheibe fragten, sagte er: „Ach, das bezahlt die Versicherung." Tim und sein Freund sind heute erwachsen und können sich noch genau an das Erlebnis erinnern. „Zu dem Nachbarn hingehen zu müssen, war echt hart", sagt Tim, „aber hinterher war ich doch erleichtert und hatte das Gefühl: Die Sache ist jetzt aus der Welt geschafft." Dass er es geschafft hat, hat ihm gut getan: Zu dem stehen, was man ausgefressen hat, dafür geradestehen und sich entschuldigen, bringt Gewinn an innerer Größe.

Erwachsene, die in ihrer Kindheit gelernt haben, dass man nicht alles bekommt, was man will, und dass man angerichteten Schaden wieder gutmachen muss, bei denen sind die entsprechenden Hirnverschaltungen ausgebildet und stehen zur Verfügung. Solche Menschen können Gefahren einschätzen und Folgen absehen. Sie stehen zu ihrem Tun.

Zwar ist das auch im späteren Leben noch lernbar, aber viel mühsamer. Erziehung sollte also klare Grenzen setzen und Konsequenzen einfordern. Wenn Kinder beizeiten lernen, Verantwortung für ihr Handeln zu übernehmen, macht sie das stark. Jedoch sollte Erziehung nicht nur vermitteln, was man alles nicht darf und wogegen man sein muss. Sie muss Werte anbieten und positive Inhalte, für die es lohnt, sich mit Leib und Seele einzusetzen. Werte machen Menschen selbstbewusst! Übrigens braucht man, um *gegen* etwas zu sein, weitaus einfachere Nervenverschaltungen im Vorderhirn, als wenn man sich *für* eine gute Sache einsetzt!

In klassischer Weise hat übrigens Martin Luther die Zehn Gebote in seinem kleinen Katechismus um eine positive, wertstiftende Deutung ergänzt. Bei acht von zehn Geboten folgt in Luthers Erklärung ein positives „ ... sondern":

2. Gebot: Du sollst den Namen des Herrn, deines Gottes, nicht unnützlich führen, denn der Herr wird den nicht ungestraft lassen, der seinen Namen missbraucht. – Was ist das? Wir sollen Gott fürchten und lieben, dass wir bei seinem Namen nicht fluchen, schwören, zaubern, lügen oder trügen, *sondern ihn in allen Nöten anrufen, beten, loben und danken.*

3. Gebot: Du sollst den Feiertag heiligen. – Was ist das? Wir sollen Gott fürchten und lieben, dass wir die Predigt und sein Wort nicht verachten, *sondern es heilig halten, gerne hören und lernen.*

5. Gebot: Du sollst nicht töten. – Was ist das? Wir sollen Gott fürchten und lieben, dass wir unserm Nächsten an seinem Leibe keinen Schaden noch Leid tun, *sondern ihm helfen und beistehen in allen Nöten.*

8. Gebot: Du sollst nicht falsch Zeugnis reden wider deinen Nächsten. – Was ist das? Wir sollen Gott fürchten und lieben, dass wir unsern Nächsten nicht belügen, verraten, verleumden

oder seinen Ruf verderben, *sondern sollen ihn entschuldigen, Gutes von ihm reden und alles zum Besten kehren.*

Luther hat den kleinen Katechismus ja geschrieben, damit die Menschen die Gebote besser verstehen. Genial, wie er schon damals begriffen hat, was heute alle Pädagogen lernen: Man sollte den Kindern nicht nur sagen, was sie nicht dürfen, sondern was sie stattdessen tun sollen. Damit in ihrem Kopf ein Bild von dem gewünschten Verhalten entsteht.

Ein Beispiel: Wenn ich Kindern sage: „Denkt jetzt nicht an rosa Mäuse!" – Woran werden die Kinder denken? Genau, an rosa Mäuse! Das Gehirn überhört die Verneinung, das Bild von den rosa Mäusen ist stärker und setzt sich durch. Darum ist es wichtig, positiv zu formulieren. Nicht: „Lauf nicht ohne zu gucken über die Straße!", sondern: „Wir gucken nach rechts und nach links, bevor wir über die Straße gehen."

Je mehr das Gehirn geprägt ist von solchen positiven Bildern und Werten, desto förderlicher fürs Selbstbewusstsein. Wer das als Kind schon mitbekommen hat, hat es in der Regel entschieden leichter im Leben. Aber auch im Erwachsenenalter können neue Hirnverschaltungen geknüpft werden. Bis ins hohe Alter ist das Gehirn lernfähig. „Es ist nie zu spät, eine glückliche Kindheit zu haben", heißt ein Buch des finnischen Psychiaters Ben Furmann.[28] Er ist überzeugt: Menschen haben es selbst in der Hand, wie sie förderliche Einflüsse ihrer Kindheit nutzen, ausbauen und mit neuen Lernerfahrungen verbinden – zu einem gelungenen Leben.

Soziales Netz – Ich bin wichtig

Gute Freunde sind wie Sterne in der Nacht;
auch wenn sie manchmal hinter Wolken sind,
weißt du, sie sind da. Immer wieder.
ANNE STEINWART

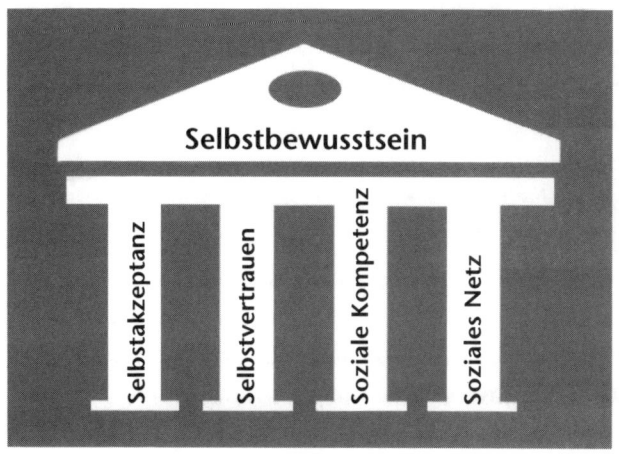

Abbildung 7:
Die 4. Säule Soziales Netz – Ich bin wichtig

Die 54-jährige Frau F. fühlt sich einsam nach ihrer Scheidung vor fünf Jahren. Die erwachsenen Söhne sind aus dem Haus, der frühere Mann lebt mit einer neuen Familie zusammen. Ihr Halbtagsjob bei einer Versicherung füllt sie nicht richtig aus. Frau F. versank in Depressionen und fühlte sich überflüssig und wertlos. Sie hat ein soziales Netzwerk von Freundinnen in ihrer katholischen Kirchengemeinde, hat dort auch in der Altenarbeit mitgeholfen. Aber im Moment traut sie sich gar nichts zu. Sie zieht sich immer mehr zurück, weil sie überzeugt ist, dass sie die Leute nur nervt.

In unseren Gesprächen wird Frau F. klar, dass sie ihr soziales Netzwerk noch gar nicht richtig getestet hat. Sie erkennt: „Es ist meine Vorstellung, dass ich störe, und deshalb probiere ich es gar nicht erst aus." In kleinen Schritten übt sie, auf Menschen zuzugehen. Sie beginnt damit, dass sie zwei alleinstehende Freundinnen anruft und sie fragt, ob sie nachmittags nach der Arbeit einmal mit ihr walken würden. „Wenn ich genauer nachdenke, wären da noch mehr Frauen, die ich fragen könnte, ob sie was mit mir unternehmen", sinniert sie. Ihre nächsten Ziele: „Ich werde im Chor mitsingen. Eigentlich bin ich ganz musikalisch, aber ich habe diese Fähigkeit lange nicht genutzt. Auch in der Altenarbeit will ich wieder mithelfen. Das hat mir Freude gemacht, und es ist eine sinnvolle Aufgabe. Sie gibt mir das Gefühl, ich werde gebraucht."

Die vierte Säule des Selbstwertes besteht aus sozialen Beziehungen, in denen man wichtig ist: Familie, Partnerschaft, Freunde, Arbeits- und Geschäftskollegen, lose Bekanntschaften und Interessengruppen. Menschen mit einem gesunden Selbstbewusstsein verfügen immer auch über ein Netzwerk von tragfähigen Kontakten, auf die sie sich verlassen können. Gute soziale Beziehungen sind verlässlich, man erkennt sich gegenseitig an und würdigt einander. Das stärkt das Selbstwertgefühl.

Ein selbstwertstärkendes Netzwerk besteht immer in einer Win-win-Situation. Beide Seiten profitieren von der Beziehung. So ist es auch in einer guten Partnerschaft. Geben und Nehmen müssen in einem ausgewogenen Verhältnis stehen. Sonst fühlt sich der Gebende irgendwann ausgenutzt und wird depressiv, und derjenige, der mehr nimmt, wird irgendwann aggressiv und böse auf den anderen. Simplify-Autor Werner Tiki Küstenmacher hat die Win-Win-Situation sehr schön in seiner simplify-Idee Nummer 20 beschrieben: „Networking darf kein verbissenes Fragen sein: ‚Wird mir dieser Mensch nützen?' Vertrauen Sie auf Ihr angeborenes

Empfinden von Antipathie und Sympathie. Wenn Sie jemanden mögen, dann investieren Sie auch Zeit in die Beziehung zu ihm, gleichgültig, ob es ein Kunde, ein Kollege oder eine flüchtige Bekanntschaft ist. Machen Sie aus Kunden und Kollegen, die Sie schätzen, Freunde. Denken Sie dabei in beide Richtungen. Nicht nur: Wo kann er mich weiterbringen? Sondern auch: Wie kann ich dem anderen nützlich sein, damit er sich gerne mit mir vernetzt?"[29]

Gerade im sozialen Netzwerk kann man dann auch lernen sich abzugrenzen. Nicht diejenige entwickelt das meiste Selbstbewusstsein, die überall beliebt ist, weil sie sich stets anpasst, sondern die, die ein eigenes Profil entwickelt und dazu steht, die auch mal Nein sagen kann, um sich zu schützen. Frau A. aus unserem obigen Beispiel hat sich das soziale Netz zu dem Missionar John und seiner Arbeit aufgebaut und fühlt sich wichtig, da sie etwas zu dieser Arbeit beiträgt und auch positive Rückmeldung von ihm bekommt. Wenn sie lernt, bei Überforderung auch mal Nein zu sagen, kann dieses Netzwerk für sie eine echte Win-win-Situation werden und ihr Selbstbewusstsein stärken.

Bettina ist 19 Jahre alt und kommt erstmals zum Gespräch, nachdem sie vor zwei Tagen versucht hat, sich die Pulsader aufzuschneiden. „Ich müsste etwas machen, dass ich nicht bei jeder Sch... in ein so tiefes Loch gerate", meint sie auf meine Frage nach dem Ziel einer Psychotherapie. Bettinas Selbstbewusstsein liegt zerknickt am Boden. Sie mag ihr Äußeres nicht, mag sich als Frau nicht. Sie findet sich zum Kotzen und erbricht nachts heimlich das abends reichlich gegessene Essen. Auch traut sie ihren Fähigkeiten nichts mehr zu. Dabei kann sie wunderbar zeichnen und malen. Aber seit Monaten hat sie keinen Stift oder Pinsel mehr in die Hand genommen. Sie hat sich von ihren Freundinnen und Klassenkameraden zurückgezogen. Seit drei Wochen geht sie ein-

fach nicht mehr zur Schule. So bricht auch die Säule des sozialen Netzwerks weg. Stattdessen liegt sie den ganzen Tag auf ihrem Bett und reagiert nur gereizt auf Ansprache der Familienmitglieder. Ihr Freund nervt sie nur. Sie vermeidet seit einigen Wochen längere Kontakte zu ihm. Der Freund ist ratlos und hat sich, hilflos angesichts ihrer schlechten Launen, immer mehr zurückgezogen, ruft seltener an. Das wertet Bettina wiederum als Desinteresse an ihrer Person und kommt sich noch unattraktiver vor. Einzige Kontaktperson ist die Mutter, aber auch die verstehe sie ja nicht.

Alle vier Säulen des Selbstwertgefühls sind bei Bettina weggebrochen. Sie hat das Gefühl in einen Teufelskreis der Sinnlosigkeit und Leere geraten zu sein. Einen Tag vor unserem Gespräch traute sie sich mit Mutter über ihre innere Leere zu sprechen. Bei der Säule Kontaktaufnahme und Beziehungsfähigkeit schienen noch einige Steine zu halten. Mutter machte ihr Mut, einen Therapeuten aufzusuchen.

Bettina beginnt das Gespräch mit dem Satz: „Es geht gar nichts mehr. Seit zwei Wochen komme ich nicht mehr aus dem Bett. Aus einer Mücke mache ich gleich einen Elefanten." Das Essen klappe auch nicht mehr. Erst habe sie ein paar Wochen gar nichts mehr gegessen, dann ein paar Wochen nur rumgekotzt.

Wir besprechen die Situation und schauen, wo es noch Teilbereiche des Lebens gibt, die Bettina gelingen. Ich empfehle ihr eine stationäre psychosomatische Behandlung, da es zur Zeit mit dem Schulbesuch sowieso nicht klappt.

Als Bettina nach zwei Monaten wiederkommt, ist sie deutlich verändert. Sie wirkt offen, zuversichtlich und hat sich ansprechend angezogen. Die alten rein schwarzen Klamotten gefallen ihr nicht mehr. Nach fünf Tagen in der Klinik habe sie sich vom Freund getrennt und sich dabei richtig gut gefühlt. Sie hat gelernt, ihr Essverhalten zu kontrollieren und in der Klinik an einem Kochkurs teilgenommen. Ihr jetziges Gewicht findet sie in Ordnung.

Die Säule der Selbstannahme hat bei Bettina wieder Konturen angenommen.

Sie hat auch gelernt, auf Leute zuzugehen, sie anzurufen. Es gelang ihr sogar, vor ihrer Stationsgruppe zu singen. „Ich habe immer gedacht, die Leute finden mich doof. Aber als ich die Station wechselte, haben alle mir nachgeweint. Jetzt mag ich mich. Ich wurde sogar zur Patientensprecherin gewählt und musste die Anliegen der Gruppe den Ärzten und anderem Personal vortragen."

Damit nahm sie soziale Kompetenz wahr und baute an dieser Säule.

In der zweiten Hälfte der Zeit besuchte Bettina eine Malgruppe und entdeckte neu ihre Freude und Fähigkeit zu malen. Sie ist eine ausgezeichnete Porträtzeichnerin. Die Säule des Vertrauens in die eigenen Fähigkeiten wurde langsam wieder errichtet.

Außerdem knüpfte Bettina Kontakte zu Mitpatienten. Sie trifft sich heute noch mit dem einen oder anderen am Wochenende oder telefoniert mit ihnen. Richtige Freundschaften sind entstanden. Die Säule der sozialen Netzwerke wurde erweitert.

Der Preis des Selbstbewusstseins

Katrin war ganz klar, dass sie sich von ihrer überaus dominierenden Mutter lösen musste, wenn sie sich mit ihrem Freund und zukünftigen Ehemann ein gemeinsames Leben aufbauen wollte. Selbstbewusstsein war nicht zu haben in Abhängigkeit von dieser Mutter, die immer besser als die Tochter wusste, was für sie gut war. Aber Katrin wollte auch die liebe Tochter sein und fand das christlich begründet in dem Gebot: „Du sollst Vater und Mutter ehren." Sich von Mutter abzugrenzen, löste Schuldgefühle bei ihr aus. Ehren jedoch bedeutet nicht als erwachsene Frau ein Leben nach Mutters Vorstellungen zu führen. Das ging bei Katrin bis zum Aussuchen des Hochzeitskleids. Sie sagte: „Ich möchte das Hochzeitskleid mit meiner Schwester kaufen, die hat ein ganz sicheres modisches Gespür. Auf keinen Fall will ich mit meiner Mutter gehen. Sie hat überhaupt nicht meinen Geschmack und ist beleidigt, wenn ich mich gegen ihren Rat entscheide. Aber ich traue mich nicht, es meiner Mutter zu sagen. Sie kommt mit meiner Schwester sowieso nicht aus, das war immer die Aufmüpfigere von uns beiden. Ich fürchte, sie wird tödlich verletzt sein, dass ich zu dieser einmaligen Gelegenheit meine kleine Schwester ihrer Begleitung vorziehe." Im Rollenspiel übte ich mit Katrin, wie sie es Mutter beibringen würde, dass sie ohne sie das Hochzeitskleid kaufen will. Dabei wurde Katrin klar: Ich kann mich nicht von Mutter abnabeln und gleichzeitig auf ihr vollstes Verständnis hoffen. Wie diplomatisch auch immer ich mich ausdrücke, meine Entscheidung wird Mutter verletzen, und sie wird böse auf mich sein. – Selbstbewusstsein konnte sie also nur erlangen, wenn sie bereit war, Mutters Kränkung und Zorn auszuhalten.

Sich selbstbewusst verhalten, Profil gewinnen, sich abgrenzen, das kostet einen Preis. Man kann nicht sich abgrenzen und gleichzeitig immer nett sein. Man kann nicht Profil gewinnen und es gleichzeitig allen recht machen. Wer von allen geliebt werden will, kann das Projekt Selbstbewusstsein begraben.

Das heißt natürlich nicht, dass man oder frau nun barsch und radikal nur noch auf die eigenen Rechte pocht und die Umgebung vor den Kopf stößt. Aber wenn man etwas Neues erkämpft, passiert es leicht, dass man dann erst mal auf der anderen Seite vom Pferd fällt. Der Frauenbewegung im letzten Jahrhundert ist es ja zeitweise so ergangen. Im Eifer, die berechtigten Ansprüche auf Gleichstellung durchzusetzen, mutierten viele ihrer Vertreterinnen zu männermordenden Emanzen. Sie haben viel erreicht, aber zum Teil um den Preis, ihre weiblichen Seiten auszublenden, hart und verbissen zu werden, nicht nur in der Gesellschaft und in der Öffentlichkeit, sondern letztlich auch zu sich selbst.

Heutige junge Frauen profitieren von den erreichten Erfolgen. Viele von ihnen sind klug und gleichzeitig diplomatisch, ohne ihr Ziel aus den Augen zu verlieren. Sie wissen, was sie wollen, und gehen ihren Weg geradlinig und erhobenen Hauptes, aber viel entspannter als die vorige Frauengeneration.

Selbstbewusstsein gewinnen, das heißt auch Verantwortung übernehmen, den sicheren Hafen von Passivität und Bequemlichkeit zu verlassen und sich dem rauen Wind von Kritik und Hindernissen entgegenzustellen.

Ein Mann, dessen Frau ihn nach 27 Jahren Ehe verlassen hat, schrieb mir in einer E-Mail:

„Ich merke, wie ich in dem ganzen Geschehen die große Chance habe, mich von Pia, Mutter und anderen Leuten abzunabeln. Ich bin bisher viel zu abhängig von anderen Leuten gewesen, verstecke mich gerne hinter anderen. Das hat die eine positive Seite, dass ich anderen was zutraue und ermögliche, andererseits ist da auch was Bequemes dabei, indem ich andere machen lasse.

Jetzt muss ich meinen Stand einnehmen und Verantwortung für mich übernehmen. Das ist nicht leicht für mich, aber gut. Ich ar-

beite an meinem neuen Profil, war gerade wieder joggen, wie ich es seit einiger Zeit jeden Tag mache ... Dann wird das Selbstbewusstsein sicher auch nachreifen."

Motivation durch gute oder schlechte Noten?

In der Schulzeit unserer Kinder gab es oft Tränen wegen der Zeugnisse, vor allem, wenn sie sich ungerecht behandelt fühlten. Das war z. B. dann oft der Fall, wenn in den Fächern, wo sie zwischen zwei Noten standen, die jeweils schlechtere gegeben wurde. Das sei, jedenfalls bei den Halbjahreszeugnissen, so üblich, zitierten sie ihre Lehrer. Offenbar sollte das ein Anstoß sein, sich im nächsten Halbjahr mehr anzustrengen. Gerade Brita, die Stille, traf es fast immer. Dabei motiviert Ermutigung viel mehr. Als in der 8. Klasse die Französischlehrerin unseres Sohnes Nils zu ihm sagte: „Du bist im Moment der Beste", tat er danach für Französisch so viel wie nie. Er wollte ihre gute Meinung von ihm nicht enttäuschen.

In ihrem Austauschjahr in Amerika erlebten Nils und unsere Tochter Brita einen prinzipiell anderen Umgang zwischen Lehrern und Schülern. Der Unterricht machte ihnen Spaß, und zu den Lehrern bestand ein richtig nettes, kameradschaftliches Verhältnis. „Was war denn da anders?", habe ich Brita gefragt, und sie sagte: „Man hat mehr Erfolgserlebnisse, wird mehr ermutigt und gelobt, wenn man was gut macht. Die denken sich tausend Sachen aus, wie Schüler Anerkennung bekommen können, z. B. als stu-

dent of the semester, *das war ich auch einmal, wegen guter Leistungen in Französisch. Und dann gibt es für alle möglichen Dinge gleich eine Urkunde, z. B. wenn du mit dem Orchester in einem besonderen Konzert mitgespielt hast, oder wenn du einfach im Ski-team warst oder in einer anderen Arbeitsgemeinschaft. Und es ist natürlich eine Ganztagsschule, die Lehrer sind den ganzen Tag da. Wenn sie nicht Unterricht haben, sind sie in ihrem Zimmer, da steht die Tür offen, und man kann sie jederzeit ansprechen.*"

Es ist kulturell unterschiedlich, ob in der Pädagogik eher auf die Schwächen oder auf die Stärken hingewiesen wird. Beide Strategien haben Vor- und Nachteile. Wenn Lehrerinnen sich auf die Schwächen und Mängel eines Schülers konzentrieren, richten sie seine Aufmerksamkeit auf wichtige Aspekte, die verändert werden sollen. Dadurch kann der Schüler lernen, sich realistisch und kritisch einzuschätzen. Es besteht jedoch die Gefahr, dass er resigniert und sich nichts mehr zutraut.

Mut machende Pädagogik legt im Gegensatz dazu ihren Schwerpunkt darauf, die Stärken zu fördern. Das hilft, Probleme gelassen und mit Ruhe anzugehen. Diese Schüler trauen sich eher etwas zu. Aber sie stehen auch mehr in der Gefahr der Selbstüberschätzung. Damit werden dann wichtige Entwicklungsfortschritte behindert.

Eine kulturvergleichende Studie untersuchte die Selbsteinschätzung von Schülern in Los Angeles und in West- und Ostberlin.[30] Die Kinder in Los Angeles schätzten sich am positivsten ein. Was sie tatsächlich leisteten, lag jedoch deutlich darunter. Die Kinder in Ostberlin unterschätzten sich eher. Das entspricht sicher der unterschiedlichen Pädagogik in beiden Kulturen. Im deutschen Schulsystem legen wir weitgehend den Schwerpunkt auf das, was der Schüler alles nicht weiß, also auf die Defizitseite. Das baut nicht gerade das Selbstbewusstsein auf, erlaubt aber eine eher realistische und kritische Sichtweise. Im amerikanischen Schulsystem wird sehr viel mehr positiv zurückgemeldet und anerkannt. Die Schülerinnen und Schüler finden sich gut. Aber es besteht die Gefahr, dass sie sich mehr zutrauen, als sie in der Lage sind zu bewältigen und zu übersehen.

Viele Menschen sind immer noch geprägt von einer Erziehung nach dem Motto: „Nicht geschimpft ist gelobt genug." Doch nicht von ungefähr sagt das Sprichwort: „Loben zieht nach oben." Mit einer Einschränkung: Überschwängliches Lob bei einer zu leichten Aufgabe kann das Gegenteil dessen bewirken, was es beabsichtigt. Es kann bei dem anderen das Empfinden auslösen: „Der findet, ich bringe es nicht, und er hält mich für so schwach, dass er meint, mich jetzt schon wegen einer solchen Banalität loben zu müssen."

Lob, das sich auf Eigenschaften eines Menschen bezieht, hat übrigens eine weniger positive Wirkung als Lob, das sich auf Verhalten bezieht. Das liegt daran, dass Verhalten sich leichter ändern lässt als Eigenschaften.

Eine leichte Form der Selbstüberschätzung scheint insgesamt gesünder zu sein als Selbstunterschätzung.[31] Dann wäre die mutmachende, das Positive unterstützende Pädagogik vielleicht doch der bessere Weg, unsere Kinder zu selbstbewussten Menschen zu erziehen.

Unbekömmliche Überdosis –
Wie „zu viel" Selbstbewusstsein wirkt

Selbstsichere bilden sich ein Urteil,
Unsichere fällen es.
ERNST FERSTL

Wir haben ihn auf einer Party getroffen. Er sprach uns an: „Kennen wir uns nicht? Vor einigen Jahren waren wir doch gemeinsam im Italienischkurs der Volkshochschule." Richtig, wir erinnern uns. „Was machen Sie denn jetzt so?", fragen wir.

„Ich habe meinen langjährigen Job bei der Sparkasse vor vier Jahren gekündigt und mich selbstständig gemacht", antwortet er. „Meine Bücher, die ich schreibe, sind Bestseller!"

Wir fragen etwas kleinlaut nach, was für Bücher er denn schreibe. Wenn sie Bestseller sind, sollten wir sie doch eigentlich kennen. „Meine Romane drehen sich alle um das große Finanzbusiness und die Börse", antwortet er. „Da kenne ich mich gut aus. Mein letzter Roman stand in der Bestsellerliste einer Wochenzeitung ganz oben! Jetzt schreibe ich an einem internationalen Thriller. Der wird es in die Top Ten schaffen." Wir fragen, ob er denn von seiner schriftstellerischen Tätigkeit leben könne.

„Ach, wenn Sie wüssten, was ich damit verdiene, dann würden Sie es nicht glauben. Mein Gehalt bei der Sparkasse war dagegen ein Taschengeld."

Wir erstarren vor Bewunderung, und gleichzeitig macht sich auch ein leicht unwohles Gefühl bei uns breit. Kennt der denn gar keine Selbstzweifel? Es hört sich so alles glatt, perfekt und „mega" an.

„Wissen Sie, warum ich so einen Erfolg habe?", fragt er. „Ich recherchiere alles, was ich schreibe, hundertprozentig. Da macht mir im Geldgeschäft keiner etwas vor. So schreibe ich realitätsnah und dank meiner Begabung für Spannung auch besonders gut. Übrigens bekommen Sie meine Bücher überall, sogar am Bahnhofskiosk."

Irgendwann sagen wir in diesem Gespräch gar nichts mehr. Wir hören höflich zu und sind gespannt, ob er mal danach fragt, was wir machen. Aber es kommt nichts. Wir sind nicht von Belang. Unser Gegenüber ist so überzeugt von sich, dass er gar nicht auf die Idee kommt, sich für seine Gesprächspartner zu interessieren. Bald wird uns dieses Einbahnstraßengespräch langweilig, und wir nutzen die nächste Gelegenheit, dem Erfolgsmenschen zu entkommen.

„Der hat aber ein gesundes Selbstbewusstsein!" Wenn jemand diese Äußerung macht, ist sie in der Regel nicht uneingeschränkt positiv gemeint. Menschen mit scheinbar übergroßem Selbstbewusstsein neigen dazu, selektiv ihre Stärken und Fähigkeiten wahrzunehmen und dabei ihre Fehler und Grenzen zu übersehen. Sie überschätzen sich oft und lassen sich auf Aufgaben ein, die sie gar nicht bewältigen können. Dann investieren sie erhebliche Energien und entwickeln eine ungeheure Hartnäckigkeit, die bewundernswert, aber nicht liebenswert ist. Wer seine eigenen Möglichkeiten überschätzt, übersieht oft die langfristigen Konsequenzen seines Handelns und versäumt es, rechtzeitig Alternativen zu prüfen. Sein Einsatz zeigt dann oft nicht den gewünschten Erfolg.[32]

Unter einem übersteigerten Selbstwertgefühl schlummert oft ein ganz kleines Ich, das leicht kränkbar ist und nach Anerkennung dürstet. Der Betreffende tritt quasi die Flucht nach vorn an, indem er sich nach außen möglichst unangefochten und überheblich gibt. Er zeigt keinerlei Schwäche und gesteht sich auch selbst oft keine zu. In der Psychotherapie nennen wir das kontraphobisches Verhalten. Wer diesen Weg wählt, tut sich meist keinen guten Dienst.

Der Kollege kämpfte sehr für seinen Antrag in der Gemeindeversammlung, aber er verlor die Abstimmung. In einem anschließenden Wortbeitrag machte er alle schlecht, die gegen ihn gestimmt hatten. Er bescheinigte ihnen mangelnden Überblick und kurzsichtiges Denken. Er sei der Einzige, der die langfristige Planung im Blick habe. Die Teilnehmenden waren peinlich berührt. „Das ist ein ganz schlechter Verlierer", raunte mir ein Mitarbeiter zu.

Wer immer gewinnen muss, hat in Wirklichkeit kein gutes Selbstbewusstsein. Wenn er verliert, fühlt er sich als Nichts. Er muss andere herabsetzen, um sich vorteilhaft davon abzuheben. Menschen mit solcher nach außen überhöhter Selbsteinschätzung stehen in permanentem Konflikt mit ihrem Umfeld. Ihnen wird ein großes Durchsetzungsvermögen zugeschrieben, sie werden in der Regel bewundert, manchmal gehasst, aber selten geliebt.

Ein zu großes Selbstbewusstsein ist also genauso schädlich und hinderlich im Leben wie ein zu geringes. Die ausbalancierte Mischung zwischen beiden verspricht den größten langfristigen Erfolg, Sympathie bei den Mitmenschen und soziale Kompetenz.

Je mehr Selbstvertrauen jemand hat, desto mehr kann er die eigenen Fähigkeiten und Leistungen wert schätzen, aber desto weniger nimmt er eigene Fehler und Schwächen wahr und ist in der Lage, Selbstkritik zu üben. Selbstvertrauen und Selbstkritik sollten in einer ausgewogenen Balance stehen und sich gegenseitig korrigieren.

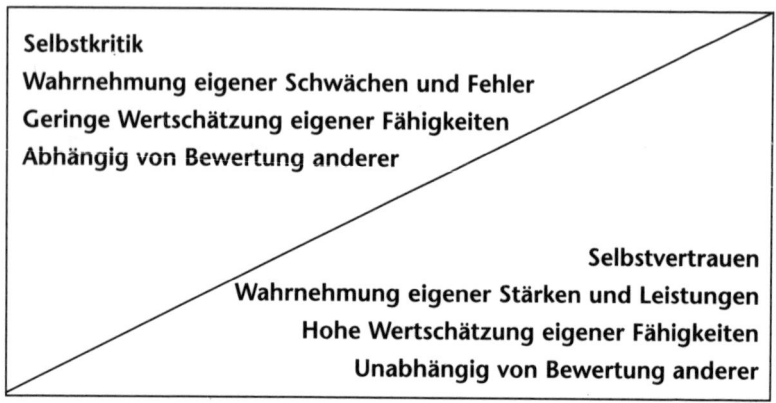

Abbildung 8: Zusammenhang Selbstvertrauen – Selbstkritik

Wer von Selbstzweifeln geplagt ist und ein geringes Selbstvertrauen hat, sollte seine Blickrichtung auf das lenken, was er gut kann, was er leistet und was er erreichen kann. Wer dagegen zur Selbstüberschätzung neigt, muss lernen, dass eigene Grenzen kein Zeichen von Schwäche darstellen. Selbstüberschätzung kann sonst in Größenwahn münden.

Kurz bevor Friedrich Nietzsche in die geistige Umnachtung fiel, verfasste er einen Rückblick auf sein Leben. Sein Buch *Ecce homo*[33] enthält Kapitel wie *Warum ich so weise bin* und *Warum ich so klug bin* oder *Warum ich so gute Bücher schreibe*: Beneidenswertes Selbstbewusstsein oder maßlose Selbstüberschätzung? Kurze Zeit später kam Nietzsches endgültiger gesundheitlicher Zusammenbruch im Jahre 1889.

Es gibt eine Art der Selbstüberschätzung, die dem Jüngling Narziss aus der griechischen Mythologie ähnelt. Der setzte sich eines Tages an den See, betrachtete sich im Wasser und verliebte sich in sein Spiegelbild. Da fiel plötzlich durch göttliche Fügung ein Blatt ins Wasser, und durch die so erzeugten Wellen wurde das Bild verzerrt. Zutiefst schockiert von der vermeintlichen Erkenntnis, er sei nun hässlich, starb er. Nach seinem Tode wurde er der Mythologie zufolge in eine Narzisse verwandelt.

Menschen mit einer hohen Selbsteinschätzung sind leicht kränkbar. In der Psychologie reden wir von einer narzisstischen Persönlichkeitsstörung. Solche Menschen laufen Gefahr, in folgende vier Fallen zu tappen:

1. Selbstüberschätzung führt dazu, dass sie sich mehr zutrauen als sie leisten können. Sie halten zu lange an Aufgaben fest, die sie nicht lösen können. Damit sind Misserfolge vorprogrammiert und können zum Absturz und zur Selbstwertkrise führen.

2. Wer zu hoch von sich selbst denkt, wird von seinen Mitmenschen zwar respektiert und bewundert, beliebt ist er jedoch nicht bei ihnen. Mangelnde Sympathie macht diese Menschen einsam.

3. Wer in sein Spiegelbild verliebt ist und sich nahezu alles zutraut, fragt selten nach eigenen Fehlern. Der Mangel an Verantwortungsgefühl (für sich und für andere) führt unweigerlich zu sozialen Konflikten. Fehler werden vorwiegend bei den anderen gesucht. Wie überhaupt eine zu hohe Selbstwertschätzung einhergeht mit einer Geringschätzung dessen, was andere Menschen leisten.

4. Menschen, die eine zu hohe Meinung von sich selbst haben, neigen zu aggressiven und gewalttätigen Handlungen, wenn sie sich durch andere infrage gestellt fühlen. Kritik und Widerspruch empfinden sie als persönlichen Angriff, der mit heftiger Gegenwehr erwidert werden muss. Diesen Zusammenhang zwischen Aggression und Narzissmus hat der amerikanische Sozialpsychologe Roy Baumeister beschrieben.

Untersuchungen zufolge glauben die meisten Menschen, sie seien besser als der Durchschnitt. 94% aller Professoren sind der Meinung, dass sie Überdurchschnittliches im Vergleich zu Kollegen leisten, so der amerikanische Sozialpsychologe Professor David A. Dunning.[34]

Dunning ließ Versuchspersonen verschiedene logische, grammatikalische und auch lustige Fragen beantworten. Anschließend sollten sie selbst die Qualität ihrer Antworten einschätzen. Es zeigte sich, dass diejenigen, die sich eher unterschätzt oder sich selbst in Frage gestellt hatten, zum großen Teil richtig geantwortet hatten. Diejenigen jedoch, die vorwiegend falsch geantwortet hatten, waren sich dieser Tatsache nicht bewusst und neigten sogar zu der Ansicht, dass sie zu den Besten der Gruppe gehörten. Wie Recht hatte Konfuzius: „Zu wissen, was man weiß, und zu wissen, was man tut, das ist Wissen."

Nach der Lösung der Testaufgaben verteilte der Forscher unkorrigierte Kopien der Fragebögen unter den Versuchspersonen, sodass jeder jetzt auch sehen konnte, wie die anderen die Aufgaben gelöst hatten. Aber auch jetzt noch waren die Inkompetenten der Ansicht, dass die von ihnen ausgefüllten Testbögen zu den Besten gehörten. Die Kompetenten hingegen vermochten ihre eigene Leistung richtig einzuordnen.

Wer seine Inkompetenz nicht erkennen kann, hat folgerichtig eine gesteigerte Selbstüberschätzung. Inkompetente Menschen sind den Anforderungen ihres Fachgebiets nicht gewachsen und sind sich dessen überdies nicht bewusst. Das stellt Arbeitgeber oft vor schwierige Situationen. Schon Schiller klagte: „Mit der Dummheit kämpfen Götter selbst vergebens."[35]

In einer amerikanischen Studie über Spendenbereitschaft schätzen sich die Befragten selbst viel spendabler ein als ihre Mitmenschen. Als jedoch konkrete Zahlen auf den Tisch kamen, stellte sich heraus, dass sie nicht mehr gaben als andere.[36] Die Soziologen, die diese Studien durchführten, schließen daraus, dass die meisten Menschen eher dazu neigen, sich selbst aufzuwerten und das eigene Verhalten zu beschönigen. Ihre Mitmenschen schätzen sie hingegen ziemlich realistisch ein.

Wo auf der Skala von Selbstunterschätzung bis Selbstüberschätzung befindet sich denn nun ein stabiles gesundes Selbstwertgefühl?

Abbildung 9: Selbstüberschätzung[37]

In ausführlichen Studien und Experimenten sind die Selbstwertforscher Roy Baumeister und Astrid Schütz zu dem Ergebnis gekommen: Das Beste ist eine geringfügige Selbstüberschätzung bei erhaltener Kritikfähigkeit. Also im Sinne der obigen Werbung: THINK BIG. BUT NOT TOO BIG.

Vom Veilchen im Moose zur Rose

Sag nicht immer Ja und Amen,
sag auch mal Nein und Halleluja.
HANNS-DIETER HÜSCH

Einer meiner Freunde ist ein ausgesprochen erfolgreicher Pastor, führt zweimal jährlich Glaubenskurse in seiner Gemeinde durch, hat einen überdurchschnittlich hohen Gottesdienstbesuch. Die Kinder- und Jugendarbeit boomt, es gibt mehrere Hauskreise, Seelsorgeschulungen, Musikgruppen. Ich mit meiner kleinen Dorfgemeinde kam mir immer ziemlich mickerig vor, wenn ich diese Zahlen hörte.

Doch mein Freund würde nie von sich sagen: „Ich bin ein guter Pastor."

Stets verweist er auf das, was seiner Meinung nach nicht so gut läuft: „Zu den Glaubensseminaren kommen mehr Leute von auswärts als aus meiner Gemeinde." – „Die Jugendlichen kommen so selten in den Gottesdienst." – „Der Kirchenvorstand lässt sich so schwer für die missionarische Arbeit begeistern." Neulich fragte ich ihn mal, warum er nicht stolz sein könne auf das, was alles in seiner Gemeinde gut läuft, und da sagte er: „Nein, dann nehme ich ja Gott die Ehre weg."

Ein Kollege hatte ihn früher mal einen der erfolgreichsten Pfarrer in der ganzen Landeskirche genannt, aber sich darüber zu freuen, verbietet er sich sofort, denn dann sei man ja hochmütig.

Die daraus resultierende „Bescheidenheit" wirkt jedoch nicht echt. Und weil man sich selbst nicht loben und nicht stolz auf sich sein darf, ist man umso abhängiger vom Lob und der Anerkennung anderer.

„Ich bin so unwürdig", beginnt der Refrain eines alten christlichen Kinderliedes. Dieses selbstabwertende Denken sollte Kinder wohl beizeiten Demut lehren. Wie anders hört sich das beim Apostel Paulus an. Er kann ganz unbefangen von sich sagen: „Ich habe mehr gearbeitet als sie alle!" Und andererseits weiß er: „Von Gottes Gnade bin ich, was ich bin." Keine falsche Demut und frömmlerische Bescheidenheit, sondern eine fruchtbare Spannung: Der Mensch kommt ganz zu seinem Recht und wird gewürdigt, und Gott kommt zu seinem Recht. Beides kommt sich nicht in die Quere.

„Sei wie das Veilchen im Moose bescheiden, sittsam und rein, und nicht wie die stolze Rose, die immer bewundert will sein." So wurde es früher manchem Mädchen ins Poesiealbum geschrieben. Selbstbewusstsein war nicht angesagt. Im Wald, unter Blättern versteckt und im Moos schwer zu entdecken, zart, unauffällig, wenig widerstandsfähig, geheimnisvoll, so sollte frau sein. Nicht auffallend, klar, von sich überzeugt. Die starke Frau kommt nur als Karikatur vor: „Die stolze Rose, die immer bewundert will sein." Stolz wird ausschließlich negativ gedeutet, die positive Seite wird unterschlagen.

Ich erinnere mich an ein Spiel, das wir in unserer christlichen Studentengruppe in Heidelberg manchmal bei bunten Abenden machten. Der (männliche) Kandidat bekam dabei die Frage vorgelegt: Entscheide dich zwischen zwei Frauentypen: 1. still und lieb, 2. herb und temperamentvoll. Ausnahmslos alle jungen Männer entschieden sich für „still und lieb" ... was ihnen von Seiten der emanzipierten Studentinnen Hohn und Spott eintrug. Offenbar war das noch in den 70er-Jahren das von weiten Kreisen der Gesellschaft erwünschte Frauenbild, jedenfalls in christlichen Gruppen.

Doch auch Jungen wuchsen mit so einseitigen Sätzen auf wie: „Eigenlob stinkt", „Hochmut kommt vor dem Fall", „Um des lieben Friedens willen ...", „Sei einfach und bescheiden, das ist die schönste Zier, dann kann dich jeder leiden und dieses wünsch ich dir". Darin drücken sich Wertvorstellungen aus, die Menschen von klein auf prägen. Hochmut galt sowieso als eine der schlimmsten Sünden, deshalb übte man sich lieber in (falscher) Demut und Bescheidenheit. Souverän und selbstbewusst zu dem stehen, was man gut kann, ohne zu protzen, das scheint vielen eine so schwierige Gratwanderung zu sein, dass sie sich lieber als Mauerblümchen zieren.

Werte sind kostbar und für ein soziales Miteinander unerlässlich. Es ist wichtig, Kindern von klein an Werte mitzugeben. Und doch müssen sie immer wieder überprüft werden, an objektiven Kriterien gemessen werden, wie z. B. den Zehn Geboten. Mancher vermeintlich „christliche" Wert entpuppt sich bei näherem Hinsehen als moralisierende kleinbürgerliche Vorstellung, als falsche Bescheidenheit oder konfliktscheues Harmoniedenken.

Werte entstehen bereits zwischen dem 3. und 6. Lebensjahr. In dieser Zeit entdeckt das Kind sein Ich. Bis zum 2. Lebensjahr redet es in der Regel nur in der dritten Person von sich. Wenn es beginnt, mit dem Wörtchen „ich" sich selbst zu beschreiben, setzt eine entscheidende Phase der gesunden seelischen Entwicklung ein. Jetzt grenzt es sich vom Willen der Eltern ab, sagt Nein. Das ist für die Eltern sehr anstrengend. Weil das kleine Kind die Konsequenzen seines Neinsagens noch nicht kennt, gebraucht es dieses Wörtchen jetzt besonders häufig. An den daraus entstehenden Konflikten mit den Eltern entwickelt es seine Werte. Trotz des häufigen Neinsagens übernimmt das Kleinkind gerade jetzt viele Verhaltensweisen und Wertvorstellungen von seinen Eltern und später von seiner Umwelt. Denn dadurch bekommt es positive Zuwendung und Aufmerksamkeit.

In der Pubertät stellt der Jugendliche diese Werte zunehmend in Frage, um schließlich sein eigenes Wertsystem zu entwickeln. Dieser Prozess, in dem ein Mensch zu seinen Überzeugungen gelangt, dauert oft ein Leben lang. Viele bewährte Normen und Regeln begleiten Menschen seit ihrer Kindheit. Aber manches erweist sich später auch als hinderlich und lebensfeindlich und muss durch neue Leitsätze ausgewechselt werden, der aktuellen Lebenswelt angepasst werden. So wie Landkarten aktualisiert werden müssen, so müssen auch manche Lebenswegweiser erneuert werden. Ich kann mich ja z. B. heute in Berlin auch nicht mehr mit einem Stadtplan von vor 30 Jahren zurechtfinden.

Frau H. ist die Jüngste von drei Geschwistern. In ihrer Kindheit hat sie die Leitsätze mitbekommen: Um des lieben Friedens willen musst du nachgeben und deine eigenen Wünsche zurückstellen. Du musst dich unterordnen. Deine Wünsche sind nicht wichtig. Du musst lernen, zu verzichten und für andere da zu sein. Als Kind war sie scheu und zurückhaltend. In der Schule versuchte sie nicht aufzufallen, sich anzupassen. Sie hatte wenig Freundinnen. Sie vergleicht sich mit Aschenputtel, die von keinem wahrgenommen wird und die niemand mag. Mit 19 Jahren heiratete sie einen jungen Mann, den sie im Urlaub kennen lernte. Er sei fürsorglich und unternehmungslustig gewesen. Das habe sie beeindruckt. Endlich habe sich mal jemand für sie interessiert. Ihr Mann setzte damals Himmel und Erde in Bewegung, um ihr etwas Gutes zu tun.

Einige Jahre später nahm sie ihre Eltern mit in ihr Haus auf, um sich um sie zu kümmern. Aber sie hatte nicht damit gerechnet, dass die Eltern wie früher das Heft in die Hand nehmen würden und bestimmten, was getan wurde. Frau H. war nicht gewohnt, sich mit den Eltern auseinander zu setzen, und um des lieben Frieden willen ließ sie sich herumkommandieren. Der Ehemann war als Lokführer oft unterwegs. Ihm war nur wichtig, dass zu Hause alles lief, wenn er kam, und dass er versorgt wurde. Frau H. investierte viel Energie in die Erziehung der drei Kinder. Als diese groß waren und schließlich zum Studium aus dem Haus gingen, fühlte Frau H. sich leer und alleine und den zunehmenden Ansprüchen ihrer Eltern ausgeliefert. „Wenn ich mich doch nur mal durchsetzen könnte!", gestand sie mir eines Tages. „Um des lieben Friedens willens sage ich nichts, sondern gebe mein Bestes." Nach 25 Jahren Ehe wird Frau H. schwer depressiv. Ein Jahr später trennt sich auch noch ihr Ehemann von ihr, weil er eine Freundin hat. Frau H. trifft der Schlag. Aber ihre Wut setzt Kraft in ihr frei. Sie zieht aus dem gemeinsamen Haus aus. Ihre älteste Tochter zieht stattdessen mit ihrer Familie dort ein und übernimmt es, sich um die Eltern bzw. ihre Großeltern zu kümmern. Als Enkeltochter kann sie sich wesentlich besser abgrenzen als ihre Mutter. Frau H. steckt nun auch eine klare Position gegenüber dem Ehemann ab. Hat sie sich bisher neben den eigenen Eltern noch rührend um die kranke Schwiegermutter gekümmert, so kann sie diese Aufgabe jetzt vollständig an den Mann abgeben. Der dachte nämlich, Frau H. würde sich schon weiter um seine Mutter kümmern, während er seine neue Freundin weiter auswärts besuchte.

Frau H. macht eine psychotherapeutische Kur und lernt in den anschließenden ambulanten Gesprächen, ihre Wünsche wahrzunehmen und sich konstruktiv mit ihrer Umwelt auseinander zu setzen. Der getrennte Ehemann hat es jetzt gar nicht einfach mit ihr und muss wegen des Unterhalts hart mit seiner Ex-Ehefrau kämpfen. Frau H. hat ihre Leitlinie „Gib um des Friedens willen immer nach" geändert, weil dies Leitbild nicht mehr passend war für sie. Es machte sie depressiv. Jetzt ist ihre neue Leitlinie: Du hast eine Pflicht, für dich selbst zu sorgen, und du darfst dich wehren, wenn du spürst, dass dir Unrecht geschieht. Du bist wichtig und nicht nur die Menschen um dich herum, für die du sorgst.

Frau H. lernt bald einen neuen lieben Mann kennen, den sie kurze Zeit später heiratet. Sie arbeitet wieder in ihrem alten Beruf als Kosmetikerin und hat Freude daran, nicht nur andere, sondern auch sich selbst hübsch und attraktiv zu machen. In der Partnerschaft gewinnt sie Selbstvertrauen und lässt sich auf neue Erfahrungen ein. Der Mann ist ein Pferdenarr. Frau H. lernt mit 45 Jahren reiten und findet Gefallen daran. Dann trifft sie ein schwerer Schicksalsschlag. Ihr Mann erkrankt an Krebs, und nach nur fünf Jahren Ehe stirbt er. Frau H. kommt in dieser Situation erneut zu psychotherapeutischen Gesprächen, um Kraft zu gewinnen mit der schwierigen Situation fertig zu werden. Außerdem besucht sie regelmäßig eine Trauergruppe. Sie zieht sich nicht zurück, sondern sucht den Kontakt zu ihren Kindern und einer alten Freundin, mit denen sie über das redet, was sie bewegt. Jahrelang hat sie sich nicht zugetraut Auto zu fahren. Jetzt probiert sie es wieder, und nach einiger Zeit berichtet sie stolz, sie sei sogar auf der Autobahn gefahren. Dann will ihr Vermieter ihr das Vorkaufsrecht für ihre Wohnung streitig machen. Aber da hat er sich in Frau H. getäuscht. Die gibt jetzt nicht um des lieben Friedens willen nach, sondern kämpft für ihre Rechte und hat Erfolg. „Was denken Sie über sich selbst?", frage ich sie. „Ich bin ein starkes Mädchen geworden", antwortet sie spontan.

Frau H. ist es gelungen, alte Leitsätze zu verändern und den neuen Gegebenheiten anzupassen. Dabei ist es wichtig zu unterscheiden: Was hat sich bewährt, was möchte ich beibehalten, und wo muss ich meine Ansprüche und Wertvorstellungen überdenken?

Welche Lebensregeln haben Sie geprägt? Was galt, was war früher wichtig? Schreiben Sie einmal auf, welche Leitsätze Sie aus Kindheit und Jugend mitbringen. Womit können Sie sich auch heute noch identifizieren? Welche Sätze bauen Sie auf? Welche wirken sich negativ auf Ihr Selbstbewusstsein aus?

Differenzierung des Wertesystems

Leitsätze, die mich geprägt haben	Bewährt und gut	Müssen ersetzt werden	Neue Leitsätze

Abbildung 10: Arbeitspapier Differenzierung des Wertesystems

Manche Wertvorstellungen und inneren Ansprüche werden leichtfertig auf die religiöse Einstellung und den Glauben zurückgeführt. Es ist sinnvoll zu fragen, ob die eigenen moralischen Ansprüche wirklich zur Basisethik des Glaubens gehören, oder ob sie eher selbst geschaffene Fesseln sind, ungeschriebene Gesetze einer bestimmten Gesellschaftsschicht oder religiösen Gruppe. Menschen neigen dazu, sich viele Einschränkungen aufzuerlegen, vielleicht um gegen die eigene Unvollkommenheit anzuarbeiten. Wir finden diese Tendenz in allen Religionen. Auch die Juden haben zu Jesus Zeiten viele Gebote und Verbote erfunden, die sie klein hielten und ein gutes Selbstwertgefühl erst gar nicht aufkommen ließen, denn diesen vielen Regeln wurde man sowieso nie gerecht. Jesus hat das kritisiert, wenn er von den religiösen Führern der damaligen Zeit sagt: „Sie schnüren schwere Lasten zusammen und legen sie den Menschen auf die Schultern", (Matthäus 23,4) oder „Weh euch, ihr Schriftgelehrten und Pharisäer, ihr Heuchler! Ihr gebt den Zehnten von Minze, Dill und Kümmel und lasst das Wichtigste im Gesetz außer Acht: Gerechtigkeit, Barmherzigkeit und Treue." (Matthäus 23, 23)

Kein kleinkariertes Regelwerk und keine falsche Demut zählen für Jesus, sondern wenige klare und zentrale Werte: *Gerechtigkeit, Barmherzigkeit und Treue.*

Das haben meine Eltern gut gemacht

Aus Furcht, der Tod könnte uns
das Kind entreißen,
entziehen wir es dem Leben.
Janusz Korczak

„Ein zweites Kind können wir uns nicht leisten", sagt das junge Ehepaar beim Taufgespräch, „wir wissen ja schon mit unserem Max nicht, wie wir die Arbeit schaffen sollen. Man hat so viele Termine und Kosten, wenn man sein Kind altersentsprechend fördern will: Waldorf-Kindergarten, Krankengymnastik zur Verbesserung seiner Feinmotorik, Kinderturnen. Wir wollen nichts übersehen, wollen ihm die besten Startbedingungen ins Leben bieten, eine gute Schulausbildung, möglichst ein Studium, das kann ja

keiner bezahlen bei mehreren Kindern. Unser Max soll nicht so einfach nebenherlaufen wie wir früher, wir wollen gute Eltern sein, er soll in jeder Hinsicht gefördert werden."

Manchmal frage ich Menschen in der Beratung: „Was haben Ihre Eltern eigentlich gut gemacht?" Das hilft ihnen, den Blick auf die Stärken in der Familie zu richten, auf Fähigkeiten und Lösungen. Wer das wertschätzen kann bei seinen Eltern, wird entspannter mit den eigenen Kindern umgehen. Und wer Gelungenes bei seinen Eltern würdigen kann, kann sich leichter selbst würdigen.

Die erste Reaktion auf diese Frage fällt jedoch immer gleich aus: erstauntes Augenbrauenhochziehen, Irritation, tief Luft holen. „Darüber habe ich mir noch nie Gedanken gemacht", heißt es. Es stimmt, im letzten Jahrhundert war der Ansatz der Pädagogik und Psychotherapie lange Zeit defizitorientiert: Man suchte nach den Fehlern der Eltern und nicht nach ihren Fähigkeiten. Besonders die Mütter waren dabei im Visier: „Mother-Blaming" war angesagt, das Beschuldigen der Mütter. Egal, ob in Psychotherapie, Literatur oder Film: Mütter waren irgendwie an allem schuld. Sie waren entweder überbehütend, oder sie kümmerten sich zu wenig um ihre Kinder, sie übten rigorose Autorität aus, oder sie ließen es an der nötigen Strenge fehlen. Wie auch immer sie sich verhielten, jedwedes Problem des Kindes galt als verursacht durch die Mutter. Auch christliche Publikationen tuteten in dies Horn: Kinder wurden drogenabhängig, weil ihre Mütter sie nicht gestillt hatten, und sie schafften keinen Schulabschluss, weil Mutter arbeiten ging. Die Väter kamen seltsamerweise meist ziemlich ungeschoren davon. Die amerikanische Journalistin Beryl Satter schreibt sarkastisch: „Mütter wurden verantwortlich gemacht für Probleme von Autismus und Serienmord bis hin zu Rassismus und Staatsverschuldung."

Diese Einstellung hatte verheerende Folgen für das Selbstbewusstsein von Eltern und insbesondere von Müttern. Junge Eltern trauen sich heute oft nicht mehr, überhaupt noch irgendwelche Erziehungskonzepte umzusetzen. Sie sind ausgesprochen verunsichert, und die Gesellschaft kippt ins andere Extrem. Der Trend geht zur Designmutter: Als Supermama wuppt sie Karriere, Haushalt, Ehrenamt, Kind. Nur das Beste für die Kleinen: Da werden alle sieben Kindergärten der Stadt besichtigt, bevor man Klein Simon anmeldet, denn nur optimale Bedingungen kommen für ihn in Frage. Nachmittags geht's zum Turnen, zum Schwimmkurs, zur musikalischen Früherziehung und zur Gruppe „Spielerisch Englisch lernen mit muttersprachlichen Pädagoginnen".

Mütter wollen heute mehr denn je alles richtig machen, nichts versäumen für ihre Kinder, sie in jeder Hinsicht fördern, sie machen sich einen irren Stress, und trotzdem ist eins geblieben: Nach wie vor sind sie äußerst anfällig für Schuldgefühle jeder Art. Ständig fragen sie sich, was sie falsch gemacht haben, und sie lassen sich nur zu leicht verunsichern.

Deshalb haben sich Pädagogen und Familientherapeuten heute vor allem eins auf ihre Fahnen geschrieben: Das Ermutigen der Eltern. „Starke Eltern – starke Kinder" heißt ein Erziehungsseminar des Kinderschutzbundes. Weg vom Mother-Blaming, hin zu elterlichem Selbstbewusstsein, zum Vertrauen in die eigene elterliche Kompetenz. In Müttern und Vätern steckt viel instinktives Wissen um einen guten Umgang mit Kindern, und sie müssen nur ermutigt werden, es zu aktivieren. Eltern sind viel besser, als sie denken, und müssen sich in ihren Fähigkeiten erst mal wieder schätzen lernen.

Die Holländerin Maria Aarts[39] macht sich dieses intuitive elterliche Wissen für ein pädagogisches Konzept zunutze. Sie arbeitete in den 70er-Jahren mit Kindern, die in Heimen aufgewachsen waren. Die Kinder wurden zwar äußerlich gut versorgt. Aber die Erzieherinnen hatten schlicht keine Zeit, auf die emotionalen Signale jedes Kindes zu reagieren. Die Folge waren Verhaltensauffälligkeiten. Maria Aarts fragte sich: Wie funktioniert das eigentlich in einer normalen Familie? Was machen die anders? Sie fing an, Interaktionen zwischen Eltern und Kindern zu beobachten und in Videos zu dokumentieren. Dabei stellte sie fest: Väter und Mütter sind ganz instinktiv geniale Erzieher. Zum Beispiel erzählen sie dem Baby alles, was sie gerade mit ihm machen: „So, jetzt ziehen wir warme Socken an ..." – „Du wirst jetzt in schönem warmen Wasser gebadet." Sie deuten, was sie an Gefühlsäußerungen beim Baby beobachten. Das Baby muss bittere Medizin nehmen und verzieht das Gesicht. Mutter erklärt: „Ja, das schmeckt jetzt nicht, aber es hilft dir, gesund zu werden." Dieses Reden mit dem Baby und das Benennen und Deuten seiner Gefühle sind für die Entwicklung des Kindes sehr wichtig, denn dadurch wird schon früh die Fähigkeit angelegt, Gefühle zu zeigen, Interesse für die Umgebung zu entwickeln, die Welt zu deuten.

Maria Aarts begann bei ihren Heimkindern nachzuholen, was sie den Eltern abgeguckt hatte: Sie beobachtete die Kinder genau, verstärkte ihre anfangs minimalen Gefühlsäußerungen und ging darauf ein. Sie war erstaunt, wie die Kinder sich durch diese einfachen Maßnahmen zum Positiven veränderten. Daraus hat sie ein pädagogisches Konzept für die Behandlung gestörter Kinder entwickelt, das bei der Stärkung der Eltern ansetzt, sie darin ermutigt, ihr intuitives Wissen zu nutzen und auszubauen.

Familientherapeuten wissen inzwischen jedenfalls, dass das Beschuldigen der Mütter und das Entwerten elterlicher Kompetenz für die Arbeit gerade mit schwierigen Kindern verheerend ist. Schon seit den 5oer-Jahren in Amerika, seit den 8oer-Jahren in Deutschland hat ein Umdenken eingesetzt, eine Richtungsänderung: Zum einen sieht man das Verhalten von Kindern nicht als einseitig kausal bedingt durch die Eltern an. Leben in einer Familie wird vielmehr als ein zirkulärer Prozess beschrieben: Wie Eltern sich verhalten, wirkt sich auf die Kinder aus, aber wie

Kinder sich verhalten, wirkt sich auch auf die Eltern aus. Zum Zweiten fragen Familientherapeuten heute nicht in erster Linie nach Fehlern der Eltern, sondern nach Ressourcen: nach dem, was Menschen Kraft gegeben hat, was ihnen den Rücken gestärkt hat, was ihnen Vorbild war. Also: Was haben meine Eltern gut gemacht? Was macht Eltern und Kinder stark?

Gut biblisch ist dieser Ansatz allemal. Vater und Mutter ehren, das fällt leichter, wenn man sich vorstellt, was sie geleistet haben, oft unter schwierigen Bedingungen, und was sie ihren Kindern an Positivem mitgegeben haben.

Wir gucken uns ja selbst manchmal sehr defizitorientiert an, gerade wenn etwas nicht so glatt läuft.

Da ruft – vor einigen Jahren inzwischen – die Grundschullehrerin meiner jüngsten Tochter bei mir an und sagt: „Wir schreiben morgen ein Diktat, und ich wollte Ihnen nur sagen, wenn Sie mit Ihrer Tochter nicht üben, wird sie eine 5 schreiben." – Ich war aber schon fast in der Haustür, auf dem Weg zu einer Konferenz, die bis spätabends dauern würde, also keine Chance zum Diktatüben. Ich fühlte mich als Versagerin, als schlechte Mutter. Inzwischen hat Nora trotz Rechtschreibschwäche ihr Abi bestanden und studiert selbst Grundschullehramt in Freiburg. Vor Kurzem telefonierte sie mit mir und sagte: „Mama, da hat so eine Wochenzeitung bei mir angerufen, die interviewen Pastorenkinder: Wie haben Sie Ihre Erziehung erlebt, wie hat Ihre Mutter Sie in Bezug auf den Glauben beeinflusst, was waren Nachteile Ihrer Kindheit?"

Ich sagte: „Ach du Schreck, und was hast du gesagt?"

„Das sag ich dir nicht", antwortete sie, „du kannst es nächste Woche in der Zeitung lesen." Mit sehr gemischten Gefühlen schlug ich eine Woche später das Interview auf. Noras Antwort: „Meine Mutter hatte als Pastorin einen sehr großen Einfluss auf mein Glaubensleben, denn durch sie bin ich ganz natürlich in den christlichen Glauben reingewachsen. Als ich ein Kind war, haben

wir im Pfarrhaus einer kleinen Dorfgemeinde gewohnt, wo immer ein reges Kommen und Gehen war. Die Mitarbeiter waren für mich wie Tanten und Onkel. Erst in der Grundschule begriff ich, dass es tatsächlich Menschen gab, die nicht an Jesus glauben. Ich hatte nie den Eindruck, dass mir der Glaube aufgezwungen wurde, nur natürlich vorgelebt, sodass ich mir daran ein gutes Beispiel nehmen konnte. Unter Nachteilen habe ich nie wirklich gelitten."

Mir kamen die Tränen beim Lesen. Als berufstätige Mutter mit drei kleinen Kindern fühlte ich mich immer schuldig. Jeder, der am Pfarrhaus klingelte, hatte Vorrang vor meinen Kindern. Nora lief ihre ersten Schritte bei der Kinderfrau und nicht bei mir. Ich war und bin bis heute in Bezug auf meine Rolle als Mutter voller Selbstzweifel und denke oft, was hast du alles versäumt und falsch gemacht, hast du den Kindern nicht geschadet?

Dieses Interview war ein unerwartetes Geschenk. Mütter und Väter machen Fehler, sie sind nicht perfekt, aber insgesamt sind sie gute Eltern, sie machen vieles gut und sollten sich selbst nicht so defizitorientiert ansehen.

Meinen Gesprächspartnern zum Thema Elternkompetenz fällt nach einigem Nachdenken dann auch einiges ein. Starke Mütter der Kriegsgeneration, die Männer gefallen: mit Erziehung war da nicht viel, die arbeiteten Tag und Nacht und kämpften ums Überleben. Andere sagen: „Meine Eltern haben zwar nicht viel Zeit gehabt, aber ich wusste, wenn es drauf ankommt, sind sie für mich da." Eine erfolgreiche Fotografin erzählte: „Von meiner Mutter kann ich wirklich sagen, sie hat mich so angenommen, wie ich war. Ich war nie gut in der Schule und brachte nirgendwo herausragende Leistungen. Mein Vater wollte immer mehr aus mir machen, dass ich Ballett tanze, Geigenunterricht nehme, Tennis spiele, aber überall war ich nur durchschnittlich. Meiner Mutter war das egal, sie nahm mich, wie ich war. Das tut mir bis heute so gut und hat mir geholfen, mich selbst anzunehmen. Inzwischen ist meine Mutter gestorben, und im Rückblick würde ich sagen: Sie war der einzige Mensch, der sich jemals wirklich für mich interessiert hat."

Grundstimmung fröhlich: Das Kind entdeckt sein Selbst

Du bist du, das ist der Clou ...
JÜRGEN WERTH

Unser knapp dreijähriger Nils stand vor dem Spiegel und probierte Mamas Lippenstift aus. Sorgfältig bemalte er seinen Mund, wischte die Farbe wieder ab, malte noch mal und betrachtete die entstandenen Veränderungen intensiv im Spiegel.

In den ersten Lebensjahren entwickeln Kinder eine Vorstellung von sich selbst. Jede Mutter oder jeder Vater beobachten das sehr genau, wenn ihr Sprössling sich das erste Mal im Spiegel, auf dem Foto oder in einem Videofilm wiedererkennt. Die Fähigkeit, sich selbst als Individuum im Spiegel zu erkennen, ist nur wenigen hoch entwickelten Lebewesen möglich. Wie weit ein Bewusstsein seiner selbst entwickelt ist, das machen Forscher daran fest, inwieweit die Fähigkeit vorhanden ist, sich selbst im Spiegel zu erkennen und den Spiegel als Hilfe für Reaktionen zu verwenden.

Wissenschaftler nennen diese Fähigkeit die Spiegel-Selbst-Erkennung. Experimente zeigen, dass dies neben den Menschen auch Delphinen, Walen und bestimmten Affen möglich ist. Den Tieren werden Markierungen ins Gesicht gemalt, und dann beobachtet man, ob sie auf ihr Spiegelbild reagieren. Tiere, die eine solche Selbsterkenntnis besitzen, beobachten sich im Spiegel viel genauer. Sie drehen ihre Körper so, dass sie die Bemalung betrachten können. Forscher werten diese Fähigkeit als erste Anzeichen dafür, dass Lebewesen ein Selbstbewusstsein entwickeln. Wenige Tiere zeigen diese Fähigkeit. Vielleicht können Menschen und Delphine deshalb so intensiv miteinander kommunizieren.

Kinder im Alter von 5–8 Monaten reagieren auf ihr Spiegelbild zunächst wie auf ein anderes Kind. Erst im Alter von 15–18 Monaten erkennen sie sich selbst. Das merkt man daran, dass Kinder auf Veränderungen am eigenen Körper reagieren. Irgendwann malten wir mal unserer Tochter aus Spaß mit dem Lippenstift einen roten Strich auf die Nase und hielten ihr dann einen Spiegel vor. Brita fasste sich gleich an die Nase und fand das gar nicht lustig. Sie versuchte den roten Strich wegzuwischen. Damals wussten wir noch nichts von Spiegel-Selbst-Erkenntnis und alberten nur mit ihr rum. Heute würden wir sagen: Wie toll, Brita entwickelt ein Selbstbewusstsein und beginnt ein Gefühl für sich als Individuum zu entwickeln. So beginnt es, wenn Kinder ein inneres Modell von sich als einem Menschen entwerfen, der einmalig ist.

Die normale Grundstimmung des Kleinkindes ist fröhlich und positiv. Seine Selbsteinschätzung beginnt zunächst bipolar mit gut oder schlecht. Die Eltern sagen ja auch anfangs immer Ja oder Nein zu Handlungen des Kindes. Erst später beginnt es zu differenzieren.

Im Alter von 3–6 Jahren bewertet sich das Kind vorwiegend nach dem, was es schon alles kann: z. B. Anziehen, Waschen, Malen, Rad fahren. Gefühle dieses sich entwickelnden Selbstwertgefühls stellen sich bereits im Vorschulalter ein: Ich bin cool. Ich bin eine feine Dame. Eine unserer Töchter sagte in diesem Alter einmal zu uns, als wir sie für eine Tätigkeit einteilen wollten: „Ich klein bin." Mit anderen Worten: „Das könnt ihr mir noch nicht zumuten. Lasst es die großen Geschwister machen." Sie hatte also ein sehr gutes Gefühl von sich selbst und warf es geschickt zum eigenen Vorteil in die Waagschale. Das Selbstwertgefühl von Kindern entwickelt sich in diesem Stadium: Es wandelt sich von der rein körperlichen Wahrnehmung zu einer Vorstellung der eigenen Gefühlswelt und Absichten.

Bereits 1967 wies der amerikanische Pädagoge Coopersmith darauf hin, dass „akzeptierendes Verhalten mit klaren Regeln, das Berücksichtigen der Perspektive des Kindes bei elterlichen Entscheidungen und der Verzicht auf körperliche Bestrafung die Entwicklung hoher Selbstwertschätzung bei Kindern fördern."[38]

Ab dem Kindergartenalter von 4 Jahren spielt der Vergleich mit anderen Kindern als Quelle der Selbstbewertung eine zunehmende Rolle. Wenn das Kind etwas erreicht, was andere Kinder nicht erreichen, dann stärkt das in besonderer Weise sein Selbstbewusstsein.

Stolz kam unsere damals dreieinhalbjährige Nora von ihrem Skikurs in unser Hotel zurück und zeigte uns ihre Urkunde: 4. Platz beim Abschlussrennen! Klasse. Wir lobten Nora und freuten uns mit ihr. Dass nur 4 Kinder an dem Kurs für die Kleinen teilgenommen hatten, thematisierten wir nicht weiter. Die Urkunde hing noch Jahre an der Wand von Noras Zimmer. Von ihren älteren Geschwistern, die in Skikursen mit wesentlich mehr Teilnehmern waren, wusste Nora, dass ein 4. Platz eine tolle Leistung ist.

Nicht die objektiven, sondern die relativen Fähigkeiten bestimmen den Selbstwert. Daher ist es für das Selbstbewusstsein besser, ein guter Schüler in der Hauptschule zu sein als ein schlechter auf dem Gymnasium. Soziale Vergleiche, die ungünstig ausfallen, können ganz schön am Selbstwertgefühl kratzen.

Julia spürte das sehr deutlich im Vergleich zu ihren beiden älteren Geschwistern, denen die Schule leicht fiel. Schon in der

Grundschulzeit sagten die Großen zu ihrer kleinen Schwester: „Was, du hast eine 4 im Diktat, und das in der Grundschule! Also, da schrieben wir nur Einsen und Zweien!" Als sie älter wurden, gingen sie sensibler mit dem Thema um, aber trotzdem erlebte Julia den schulischen Leistungsunterschied als Kränkung. „Die sind so gut in der Schule, und ich so schlecht." Doch dann fand sie eine geniale Lösung. Sie entschied sich für ein Auslandsschuljahr nach dem 10. Schuljahr, und zwar nicht wie ihre Geschwister in den USA, sondern in Irland auf einem Internat. Nach einem Jahr Irland beschloss sie ein weiteres Jahr zu bleiben und dort Abitur zu machen, was ihre Schulzeit um ein Jahr verkürzte, da die Iren nur 12 Schuljahre haben. Am Ende hatte sie bereits mit 17 Abitur, und noch dazu in englischer Sprache. Das enthob sie jeden Vergleichs.

Kinder im Kindergarten und Vorschulalter haben meist großes bis unbegrenztes Vertrauen in die eigenen Fähigkeiten. Ihre optimistische Grundstimmung führt eher dazu, sich zu überschätzen als Minderwertigkeitsgefühle zu entwickeln. Die Einschulung bringt den ersten großen Einschnitt in der Selbstwertschätzung mit sich. Jetzt erlebt das Kind vermehrt auch Rückschläge und Frustration. Es beginnt sich mit anderen Mitschülern zu vergleichen in Bezug auf Leistung, Körperkraft sowie äußere Erscheinung und Kleidung. Kinder entwickeln sich in diesen ersten Schuljahren vom Optimisten zum Realisten. In der ersten Klasse halten sich noch 60% der Kinder für die Besten. Das nimmt dann kontinuierlich ab.

Ab dem vierten Schuljahr können Leistungen in Teilbereichen deutlicher differenziert werden: „Mathe kann ich gut, aber Sport ist nicht mein Ding." Gelingt die Unterscheidung zwischen Stärken und Schwächen, zwischen dem, was ich gerne mache und dem, was nicht so mein Favorit ist, dann hat das Kind die Chance, ein relativ stabiles Selbstwertgefühl zu entwickeln. Wenn jedoch Eltern und Lehrer Defizite in Teilbereichen stärker betonen als Leistungen in anderen Bereichen, wird die Entwicklung eines guten Selbstwertgefühls erschwert.

Als Micha eingeschult wurde, hatte er sich auf die Schule gefreut. Aber bald merkte er, dass ihm nicht alle Fächer gleich gut lagen. Rechtschreibung zum Beispiel fiel ihm besonders schwer. Vater wurde immer gleich böse, wenn er mal wieder einen Fehler machte, und schrie rum. Er durfte kaum noch mit seinen Freunden spielen, denn erst sollten Schularbeiten gemacht werden, nach dem Motto: Erst die Arbeit, dann das Spiel. Die Schularbeiten zogen sich aber bis abends hin, und Micha wurde immer frustrierter. So sehr er sich auch anstrengte, Vater war nie zufrieden. Die Schulzeit, so resümierte er später, war eine schreckliche Zeit für ihn. Später in seinem Beruf als Starkstromelektriker quälten ihn immer wieder Skrupel, ob er alles richtig angeschlossen habe. Er zweifelte an seinen Fähigkeiten, besonders dann, wenn sein Chef ihm eine größere Baustelle anvertraute. Oft schlief er nächtelang nicht und wurde von Selbstzweifeln geplagt.

Micha hat als Kind vermittelt bekommen: So wie du bist, bist du nicht gut genug. Du kannst dich anstrengen, soviel du willst, den hohen Ansprüchen der Eltern wirst du nie gerecht. Als erwachsener Mensch projizierte er diese Vorstellung auf den Chef und konnte sich nie richtig vorstellen, dass er dessen Erwartungen erfüllen könnte.

Ein Lebensabschnitt, in dem Selbstzweifel und Selbstkritik besonders intensiv erlebt werden, ist die Pubertät. Besondere Bedeutung für das Selbstwertgefühl im Jugendalter hat das Aussehen, was die Werbung ja auch kräftig ausnutzt. Untersuchungen unter Jugendlichen haben einen engen Zusammenhang zwischen körperlicher Attraktivität und Selbstwertschätzung ergeben. Dabei spielen objektive Kriterien weniger eine Rolle als die subjektive Wahrnehmung. Mädchen mit einer Topfigur klagen oft am meisten über ihr Erscheinungsbild: Sie wollen dünner oder dicker sein, größer oder kleiner, sie finden ihre Nase zu spitz, die Lippen zu voll, die Haarfarbe zu fad. Aber auch Jungen haben Probleme mit ihrer äußeren Erscheinung.

Thomas kam mit 15 Jahren zu uns in die chirurgische Sprechstunde. Er wünschte eine Operation seiner Nase, die er für zu dick hielt. Die Eltern und Lehrer hatten auf ihn eingeredet, diesen Unsinn mit der Operation sein zu lassen. Aber Thomas zog sich immer mehr zurück und sackte mit seinen Leistungen in der Schule ab. Schließlich sagte der Vater zu ihm, dann geh doch zum Chirurgen und lass dich mal beraten. Thomas trug mit ernstem Gesicht sein Problem vor, und man merkte ihm an, dass er sehr darunter litt. Mein damaliger Oberarzt war klug und sagte uns: „Nehmt den Jungen ernst. Der leidet wirklich. Erklärt ihm die Möglichkeiten und die Nachteile einer operativen Korrektur. Sagt ihm, dass sich die Nase in seinem Alter noch verändern kann. Gebt ihm einfach das Gefühl, dass ihr sein Problem versteht. Vielleicht löst es sich dann von selbst." So war es dann auch. Nachdem wir Thomas eingehend beraten hatten, bedankte er sich und meldete sich nie wieder mit diesem Anliegen.

Die Selbstwertschätzung im Laufe der Jugendzeit unterliegt geschlechtsspezifischen Schwankungen. Bei Mädchen sinkt das Selbstwertgefühl ab dem 12. Lebensjahr und erreicht mit etwa 17 Jahren seinen Tiefpunkt. Dann steigt es allmählich wieder an. Bei Jungen sind die Schwankungen geringer, dafür wechselhafter. Zwischen 12 und 14 Jahren steigt das Selbstbewusstsein erst mal etwas an. Die Mädchen erleben Jungen in diesem Alter als großspurig und wenig einfühlsam. Zwischen 14 und 16 Jahren sinkt es leicht ab und steigt anschließend wieder an.

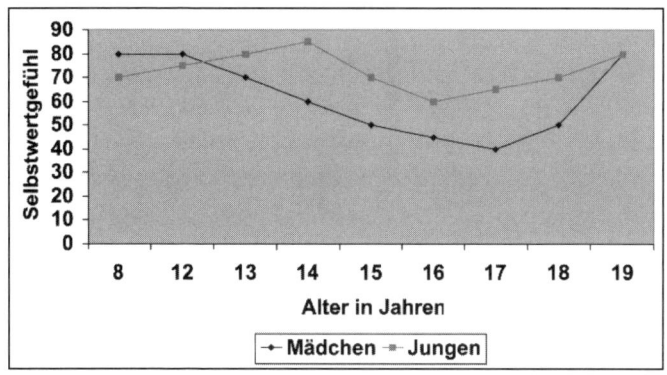

Abbildung 11:
Selbstwertschwankungen in der Pubertät

Nach der Pubertät stabilisiert sich das Selbstwertgefühl im Laufe des Erwachsenwerdens. Dabei beziehen Männer ihr Selbstwertgefühl mehr aus ihrer individuellen Leistung und dem beruflichen Erfolg und Frauen mehr aus sozialen Beziehungen, in denen sie eingebunden sind.

Besondere Erlebnisse haben das ganze Leben über Einfluss auf unser Selbstwertgefühl. Verliebtheit zum Beispiel stärkt bei Frauen und Männern gleichermaßen das Selbstbewusstsein. Resonanz beim anderen Geschlecht zu erfahren wird als Erfolgserlebnis gewertet. Man kommt sich ganz toll vor. Hier kommt der Nervenbotenstoff Dopamin ins Spiel. Dopamin wird bei Verliebten in großen Mengen produziert, und zwar in kleinen Zellinseln in der Tiefe unseres Gehirns. Es regt zu Neugier, Fantasie und Lust auf Sex an. Die Kombination mit weiteren Glückshormonen des Körpers führt zu intensiven Gefühlen der Euphorie. Negative Empfindungen der geliebten Person gegenüber werden ausgeblendet. Man fühlt sich wie im siebten Himmel. Aber Dopamin versetzt nicht nur in Glückstaumel. Es fördert auch die effiziente Verarbeitung neuer Informationen im Gehirn.

113

Auch Erfolgserlebnisse anderer Art als Verliebtsein können zur Hebung des Selbstwertes führen. Selbstbewusste Menschen haben übrigens prinzipiell höhere Dopaminwerte im Blut als ängstliche Menschen.

Das Lied ist ein Hit bei Konfirmanden und Jugendlichen: „Du bist gewollt, kein Kind des Zufalls, keine Laune der Natur, ganz egal, ob du dein Lebenslied in Moll singst oder Dur; du bist ein Gedanke Gottes, ein genialer noch dazu, du bist du, das ist der Clou." Ich muss bei dem Lied immer an Mareike denken. Sie lebte bei Onkel und Tante, denn ihre Mutter, die sie mit 18 bekommen hatte, war wohl überfordert mit Erziehung des Kindes, Berufstätigkeit und wechselnden Männerbeziehungen. Mareike entwickelte ein großes Verantwortungsgefühl für ihre Mutter, war bereits mit 11 über deren Beziehungs- und Verhütungsprobleme informiert, aber sie selbst blieb dabei auf der Strecke. Sie lehnte sich total ab, fand sich hässlich, kaute ihre Fingernägel bis aufs Nagelbett runter. Zu der Zeit traf ich sie mal irgendwann in einer Buchhandlung, und in ihrer Hand hielt sie das Buch „Das unerwünschte Kind".

Ungefähr gleichzeitig mit Beginn des Konfirmandenunterrichts schleppten Freundinnen sie mit in die kirchliche Jugendgruppe. Die wurde für sie zu einer Art Ersatzfamilie, ein stabiles verlässliches soziales Netz. Gemeinsam gesungene Lieder und Gebete vertieften die Gemeinschaft und das Zusammengehörigkeitsgefühl. „Du bist du" war einer der Lieblingssongs. Wahrscheinlich, weil er in eingängiger Melodie den Jugendlichen in ihren Reifungskrisen vermittelt: Du bist von Gott gewollt und besonders. Das Lied schien jedenfalls unmittelbar in ihrer Seele zu gehen.

Trotzdem griff Mareike auf dem Weg zu ihrer Selbstfindung z. T. zu recht drastischen Mitteln. So kam sie eines Tages mit einer Freundin und fragte, ob sie sich in meinem Badezimmer die Haare färben dürfte. Sie hatte wunderschönes schwarzes Haar, aber ihr Traum waren blonde Haare, da war nichts zu machen, das musste sein. Mit zwiespältigen Gefühlen überließ ich den beiden mein Badezimmer. Das Ergebnis zwei Stunden später war schockierend: Orangegelb prangte Mareikes Haarpracht, und ihre ganze Persönlichkeit wirkte ins Billig-Aufdringliche entstellt. Eine Freundin kommentierte erbarmungslos: „Du siehst aus wie eine Nutte." Und Mareike befiel auf einmal Panik: „Wenn Onkel Udo mich so sieht!" Ein eilig zusammengerufener Krisenstab fand nur einen Ausweg: Mareike musste auf schnellstem Wege zum Friseur, um ihre Haare wieder schwarz färben zu lassen, ehe Onkel und Tante Lunte rochen. Alle legten Geld zusammen, Mareike zog die Kapuze über den Kopf, und ab ging es. Am Abend sah niemand mehr etwas von dem Experiment, Mareike aber war für alle Zeiten geheilt von dem Traum, blond zu sein.

„Du bist du" – Kindern aus desolaten Familienverhältnissen fällt es besonders schwer zu glauben, dass sie gewollt und einzigartig sind. Bei Mareike freute es mich deshalb ganz besonders, als sie im Unterricht den Vers vorlas, den sie sich für ihre Konfirmation ausgesucht hatte, aus Psalm 139: „Ich danke dir, dass ich wunderbar gemacht bin, wunderbar sind deine Werke, das erkennt meine Seele."

Zachäus – klein aber oho

Zwei Jahre unterrichtete ich an einer Berufsschule Religion. Im Berufsgrundbildungsjahr (BGJ) Bau waren Schüler, von denen ein großer Teil noch keinen Hauptschulabschluss hatte oder deren Hauptschulabschluss so schlecht war, dass sie keine Lehrstelle bekommen hatten. Sie wussten, dass ihre Chancen in der Gesell-

schaft miserabel waren. Einige Schüler waren bereits mit dem Ge-
setz in Konflikt gekommen und befanden sich im offenen Straf-
vollzug. Sie mussten engmaschig kontrolliert werden: Ich musste
immer in ein kleines Heftchen die Uhrzeiten eintragen, wann sie
kamen und gingen.

Den „coolsten" dieser Jugendlichen, der bereits straffällig ge-
worden war, hatte die Klasse zum Klassensprecher gewählt. Er
gab sich als knallharter Kerl: „Sobald ich frei bin, werde ich groß
rauskommen, in möglichst kurzer Zeit viel Kohle verdienen, wie,
ist mir egal, mit Drogen oder so, und dann werde ich mir alles
leisten, worauf ich Bock habe. Wenn ich früh draufgehe, ist mir
das egal, Hauptsache ich hab was vom Leben gehabt." – Der
stellvertretende Klassensprecher war ebenfalls einer aus dem
„Knast".

Ich musste in dieser Zeit oft an ein amerikanisches Sprichwort
denken: „It's better to be wanted as a murderer than not to be
wanted at all." Es ist besser als Mörder gesucht zu werden als
überhaupt nicht gefragt zu sein. Wenn ich also schon nicht der
Beste sein kann, dann will ich wenigstens dadurch auffallen, dass
ich der Schlimmste bin. Das schien mir das Lebensmotto vieler
meiner BGJ-Schüler zu sein.

Im Neuen Testament wird von einem Mann berichtet, der ein
ähnliches Lebensmotto zu haben schien. Er hieß Zachäus. Zachäus war sehr klein. Das wird in der Bibel extra erwähnt, also
war er wahrscheinlich nur 1,50 cm groß. Womöglich hat er schon
als Kind darunter gelitten, wurde nicht für voll genommen, war
sozial isoliert. Für kleine Menschen ist es generell mühevoller, Anerkennung zu bekommen, während man großen Menschen viel
eher Führungsrollen zutraut. Und wie das dann so ist, wenn man
es sowieso schwer hat, Freunde zu finden und alle einen bespöt-
teln, dann tritt man eben die Flucht nach vorn an, sucht sich einen Job, der Reichtum und gute Aufstiegschancen verspricht.

Mag man dadurch auch noch einsamer werden, egal, man will es den anderen einfach zeigen. Zachäus wurde Zöllner. Das waren die absolut unbeliebtesten Menschen damals in Israel. Sie kassierten das Geld für die Besatzungsmacht, die Römer, wurden deshalb von allen verabscheut und galten religiös als unrein, denn sie verkehrten ja mit Heiden. Zusätzlich wirtschafteten sie noch in die eigene Tasche. Zöllner – das Wort war gleichbedeutend mit Betrüger.

Zachäus machte Karriere, er arbeitete sich ganz nach oben, entwickelte ungeheuer viel Power, wie so viele klein gewachsene Männer, man denke nur an Napoleon. Zachäus wurde Chef aller Zöllner in Jericho. Er konnte sich nun alles leisten, aus heutiger Sicht würde man das so beschreiben: schicke Villa mit Pool, Segelyacht am Mittelmeer, eigenes Flugzeug, Porsche und Designerklamotten. Aber er hatte keine Freunde, noch nicht einmal seine Zöllnerkollegen, denn als Chef konnte er ja nun nicht mehr deren Kumpel sein. Ein einsamer Mann.

Wahrscheinlich trug er nach außen ein übersteigertes selbstsicheres Gehabe zur Schau bei gleichzeitigen inneren Minderwertigkeitskomplexen. Die Leute spürten einfach, das ist nicht echt. Sie hatten einerseits Angst vor ihm, aber andererseits nahmen sie ihn nicht für voll.

Und all sein Geld konnte nicht seine große innere Sehnsucht kompensieren, dazuzugehören, geliebt zu werden.

Sein Selbstbewusstsein stand also auf tönernen Füßen, es ruhte auf instabilen Säulen: Geld und Macht. Die Säulen der sozialen Kompetenz und Beziehungsfähigkeit waren unterentwickelt.

Dann hört er von Jesus, und auf einmal keimt so eine irre Hoffnung in ihm auf, worauf genau, könnte er wahrscheinlich nicht einmal sagen. Diese Hoffnung jedenfalls gibt ihm den Mut zu äußerst ungewöhnlichem Verhalten. Er will Jesus unbedingt sehen, aber natürlich lassen die Leute ihn nicht nach vorne durch, sie mögen ihn ja nicht. Zachäus hat jedoch von klein auf lernen müssen, sich nicht um die Meinung der Leute zu scheren, was in diesem Fall von Vorteil ist: Er scheut sich nicht, sich absolut lächerlich zu machen, und klettert auf einen Maulbeerbaum. – Mut zu ungewöhnlichem Verhalten, entstanden aus Sehnsucht und Hoffnung. Wenn die Hoffnung stark genug ist, erwächst daraus Mut. Und wenn es der Mut der Verzweiflung ist. Nach dem Motto: Es ist sowieso egal, ich setz jetzt alles auf eine Karte. Der Mut, hoch zu pokern.

Zachäus' Einsatz lohnt sich. Jesus kommt nach Jericho, bleibt unter dem Baum stehen und sieht auf. Dieses Sehen spielt in der Bibel eine ganz wichtige Rolle. Schon im Alten Testament sagt die verzweifelte Sklavin Hagar, als sie von Gott getröstet wird: Du bist ein Gott, der mich sieht. Und zu Nathanael sagt Jesus: Als du unter dem Feigenbaum warst, sah ich dich. Ein Sehen im Sinne von barmherzig ansehen, würdigend wahrnehmen, liebevoll durchschauen. So ist Zachäus noch nie von jemand angesehen worden. Jesus geht dann einfach zu Zachäus zu Besuch. Die Frommen, die damaligen Kirchenchristen, regen sich maßlos auf: es würde sich ja wohl gehören, dass Jesus dem Bürgermeister seine Aufwartung macht, den Kirchenvorstandsvorsitzenden besucht, sich ins Goldene Buch von Jericho einträgt, sich mit den Vereinsvorsitzenden trifft. Aber er geht zum verhasstesten Mann der Stadt. In Zachäus Seele passiert nun zweierlei: Die Säulen Geld und Macht, auf die er bisher sein Selbstbewusstsein aufgebaut hatte, brechen weg. Ihm wird schlagartig klar: Der Chefposten und Reichtum, das zählt in letzter Instanz überhaupt nicht, und außerdem war das alles viel Fassade und wenig Substanz, es waren fragile Säulen. Und gleichzeitig hat er ein überwältigendes Gefühl von Freude: Da liebt ihn einer, einfach wie er ist, setzt sich mit ihm an einen Tisch, fragt nicht, was er verbockt hat oder wie die anderen von ihm denken, will sein Freund sein. Zachäus spürt: Er gehört jetzt dazu. Sein Selbstvertrauen gründet sich fortan darauf, von Jesus liebevoll angesehen zu werden. Nun kann er sich auch selbst lieben, er gewinnt durch Jesus Freunde, die mit ihm glauben und beten, und ein soziales Netz.

Und daraus erwächst dann der Mut, alles, was ihm bisher Sicherheit verlieh, loszulassen, sein Geld den Armen zu geben und die von ihm Betrogenen zu entschädigen. Ein ganz neues Lebenskonzept eröffnet sich durch die Freundschaft zu Jesus. Zachäus lebt ab jetzt nicht für materielle Güter, sondern für ewige Werte. Daher bezieht sein Selbstbewusstsein Stabilität.

Das Geheimnis des Gelingens

Königin Wasti: Einsatz mit zu hohem Risiko

Spielregeln
für dich für mich
zu entzünden den Mut
zum Spiel des Lebens
zu ermessen das Mögliche
auszuloten das Geheimnis
des Gelingens
ANNEMARIE SCHNITT

Es gibt auch eine Art von Mut, die schießt übers Ziel hinaus, die ist eher Unbesonnenheit. Im Alten Testament finden wir die Geschichte der Königin Ester. Die Geschichte spielt zur Zeit, als Israel im Exil war, unter der Herrschaft des König Xerxes lebte. Als

Xerxes neu an der Regierung war, gab er ein großes Fest in Persien. Sieben Tage lang wurde gefeiert mit Massen von Leuten. Am siebten Tag war Xerxes besonders guter Laune. Seine Gäste sollten einen Höhepunkt erleben: Er wollte ihnen seine Königin Wasti zeigen. Xerxes schickte ein paar Diener zu Wasti und befahl ihr, sich schick zu machen und vor ihm und seinen Gästen zu erscheinen.

Aber Wasti hatte nicht die geringste Lust, von allen diesen Männern angestarrt zu werden. Sie weigerte sich. Man kann ihr ein gutes Selbstbewusstsein bescheinigen, dass sie den Mut dazu aufbringt. – Ein zu gutes?

Xerxes und seine Berater waren über ihr aufsässiges Verhalten jedenfalls überaus empört. Wasti wurde verstoßen.

Wastis Reaktion wirkt selbstbewusst, und wir können es aus heutiger Sicht gut verstehen. Welche Frau, die etwas auf sich hält, hat schon Lust, sich einem Haufen betrunkener Männer zu präsentieren? Aber unser neuzeitliches emanzipiertes Denken wird Wastis Situation nicht gerecht. Die Stellung der Frau, auch einer Königin, war *damals* einfach nicht so, dass man sich ein solches Verhalten leisten konnte. Es ist sympathisch, und absolut nachvollziehbar, selbstbewusst und mutig. Aber es ist ein Mut, der eher mit Trotz gepaart ist, mit Unbesonnenheit; ein Selbstbewusstsein, das an Selbstüberschätzung stößt. Selbstüberschätzung jedoch macht den Mut halsbrecherisch, liefert eine verzerrte Wahrnehmung.

Vielleicht hätte es in Wastis Fall eine diplomatische Lösung gegeben, mit der sie trotzdem ihre Würde gewahrt hätte. Leider schoss sie mit ihrer spontanen Reaktion übers Ziel hinaus. Dabei hat sie zu viel riskiert und alles verloren. Selbstbewusstsein muss also gut dosiert sein.

Königin Ester: Durch Gottvertrauen abgefedert

Ein Engel
neben dir am Weg
er lenkt deinen Schritt
er lenkt deinen Kopf
in die Richtung
die richtige
ANNEMARIE SCHNITT

Für den König wurde nun eine neue Frau gesucht, unter den schönsten Mädchen des Landes. Zu ihnen gehörte auch eine Jüdin namens Ester, die mit ihrem Onkel Mordechai im Palastbezirk lebte. Ester hat ihre Eltern verloren, war Vollwaise, wurde von ihrem Onkel Mordechai adoptiert. Ein früh traumatisiertes junges Mädchen, das dann in einer stabilen Beziehung zum Adoptivvater Geborgenheit fand und zu einer bildschönen souveränen Frau heranwuchs. Durch das erfahrene Leid einerseits früh erwachsen geworden, andererseits dankbar für mütterliche Zuwendung. Davon bekommt sie nun im ihr bevorstehenden Jahr reichlich: Sie wurde in den königlichen Harem gebracht. Alle für den König ausgewählten jungen Frauen wurden dort ein Jahr lang gebadet, gesalbt, gepflegt, bevor sie dem König vorgestellt wurden. Ester bekommt jetzt also hochdosiert nachgeliefert, was in ihrer Kindheit mit dem alleinerziehenden Onkel womöglich zu kurz kam, nämlich die mütterliche, weibliche Seite: viele Frauen um sie herum, Wellness pur, Pflege, Bäder, Kosmetik, Gespräche über Frauenthemen.

Ester ist nicht nur schön, sie verhält sich auch sozial kompetent, sie ist beliebt und kommt gut an, auch bei Hegai, dem obersten Eunuchen und Leiter des Harems, der ihr eine bevorzugte Behandlung angedeihen lässt. Bei allem Erfolg bleibt sie bescheiden und lässt sich mütterlichen Rat geben: Als sie nach dem Jahr Pflege zum König gebracht werden soll, lässt sie sich von Hegai genauestens über das angemessene Outfit beraten. Auch auf den König macht Esters Ausstrahlung Eindruck: Er entscheidet sich sofort für sie. So wurde Ester Königin.

Schon bald sollte sie mit einer riesigen Herausforderung konfrontiert werden. Der erste Minister des Landes namens Haman entwickelt einen Hass auf Mordechai. Esters Onkel verneigt sich nämlich als Einziger im ganzen Palast nicht vor ihm. Haman beschließt, nicht nur Mordechai, sondern gleich alle Juden im ganzen Land auszurotten, und besorgt sich vom König die Erlaubnis dafür.

Mordechai ist entsetzt und bittet Ester, zum König zu gehen und für ihr Volk um Gnade zu bitten. Ester sagt: „Das ist unmöglich, niemand darf ungefragt vor dem König erscheinen, nur wenn man gerufen wird, und mich hat er schon 30 Tage nicht mehr rufen lassen. Wer ungerufen hingeht, muss sterben, es sei denn, der König streckt einem sein goldenes Zepter entgegen." – Im Gegensatz zu Wasti ist Ester sich ihrer Grenzen deutlich bewusst.

Mordechai antwortet: „Denk nur nicht, dass du als Einzige dein Leben retten kannst, wenn alle anderen Juden sterben. Wenn du nicht hilfst, werden die Juden auf andere Weise gerettet werden. Aber vielleicht bist du doch deshalb überhaupt nur Königin geworden."

Eine dramatische Situation. Was soll Ester tun? Geht sie zum König, verstößt sie gegen das Gesetz und riskiert ihr Leben, geht sie nicht hin, kommen alle Juden um, und auch ihr eigenes Überleben steht auf der Kippe. Mordechais Glaube und Esters eigenes Gottvertrauen helfen ihr, trotz ihrer Angst einen mutigen Entschluss zu fassen: Sie bittet Mordechai, alle Juden der Stadt Susa zusammenzurufen, damit sie drei Tage fasten und beten. Auch sie selbst werde mit ihren Dienerinnen drei Tage lang fasten und beten. „Danach", sagt sie, „werde ich mich über das Gesetz hinwegsetzen und zum König gehen: Komme ich um, so komme ich um." Ein Mut der Verzweiflung, abgefedert durch Gottvertrauen. Eine klare ethische Entscheidung zudem: Das Leben von Tausenden von Juden steht höher als das königliche Gesetz.

Wastis Selbstbewusstsein war gepaart mit Überschätzung ihrer Möglichkeiten, sie hat zu hoch gepokert und verloren. Bei Ester dagegen stehen alle vier Säulen des Selbstbewusstseins in einem ausgewogenen Verhältnis. Sie mochte sich und machte das Beste aus sich, setzte auch im Harem auf ihre Schönheit, ging souverän mit dieser Gabe um und pflegte sie bzw. ließ sie pflegen. Sie verfügte sicher auch über eine durch den Tod der Eltern früh entwickelte Reife und Verantwortungsbewusstsein. Zwar hatte sie den Onkel, aber das war eben ein Mann, und so musste das kleine Mädchen und die Heranwachsende mit vielen Fragen alleine fertig werden, die junge Frauen sonst mit ihren Müttern besprechen. Ester wird daran stark; sie hat gelernt, sich in Dinge zu schicken, die unvermeidlich sind, und macht das Beste daraus. Sie drückt sich nicht vor Entscheidungen, und sie nutzt ihre Fähigkeit, Menschen um den Finger zu wickeln und auf Männer so zu wirken, dass sie ihr jeden Wunsch erfüllen. Die Säulen der Selbstakzeptanz und des Selbstvertrauens sind gut ausgebaut und verleihen ihr eine unwiderstehliche Ausstrahlung.

In Ester ist vielleicht früh das Gefühl entstanden, etwas Besonderes zu sein, allein mit dem Onkel, der sich rührend um sie kümmerte und für den sie alles war. Auch im Harem bekommt sie gleich eine Sonderstellung, als Bevorzugte von Haremschef Hegai erhält sie sieben ausgesuchte Dienerinnen, die beste Wohnung, das beste Essen. Sie geht geschickt und konstruktiv mit dieser Stellung um, lässt sich von Hegai beraten, fastet und betet mit ihren Dienerinnen gemeinsam, wobei das ja sicher keine Jüdinnen waren! Sie nimmt sie einfach mit hinein in ihren Glauben, baut ihr soziales Netz aus, ohne ihre Sonderstellung zu verleugnen. Sie kann es sich gefallen lassen, dass andere etwas für sie tun, sie pflegen und verwöhnen, und da war das Beste gerade gut genug! Sie kann auch in Anspruch nehmen, dass andere sie beraten und für sie beten.

Zugleich ist ihr Selbstbewusstsein gepaart mit sozialer Verantwortung. Die dritte und vierte Säule des Selbstbewusstseins haben ja auch zu tun mit dem mutigen Einsatz für andere.

Wenn Friedrich von Bodelschwingh seinerzeit ins Herz der Naziregierung nach Berlin fährt, um dafür zu kämpfen, dass seine Behinderten in Bethel nicht in die Gaskammern abtransportiert werden, dann ist das Selbstbewusstsein – in Verantwortung für andere, unter Hintanstellung seines eigenen Lebens. Solchen Mut zeigt auch Ester. Dieses mutige Selbstbewusstsein hat etwas zu tun mit dem Nachdenken über Lebenssinn, über Gottes Gedanken mit meinem Leben, mit Glauben. Dabei ist die Angst nicht ausgeblendet, aber sie hat als Gegenpol Hoffnung und Vertrauen. Ester hat Angst, aber sie lässt sich anstecken von Mordechais Hoffnung, dass es keine Zufälle im Leben gibt. In ihrem Fall heißt das, dass Gott sie nicht von ungefähr hat Königin werden lassen. Und dann wendet sie ein altbekanntes Rezept an gegen die Angst: Sie stellt sich den schlimmstmöglichen Fall vor und findet sich innerlich damit ab: „Komme ich um, so komme ich um."

Unter Einsatz ihres eigenen Lebens setzt sich Ester beim König für ihr Volk ein, woraufhin Hamans Plan scheitert. Ester wagt und gewinnt, sie erlangt die Gunst des Königs, und am Ende der Geschichte werden alle persischen Juden gerettet und ihr Widersacher Haman hingerichtet.

Das war die Geburtsstunde des jüdischen Purimfestes.[40] Denn da verwandelten sich ihre „Schmerzen in Freude", und die Tage der Verzweiflung wurden zu Festtagen, an denen „einer dem anderen Geschenke und den Armen Gaben schickte" (Ester 9,22).

Dieses Fest feiern die Juden heute noch, ein Fest, in dem Mut über die Angst gesiegt hat.

Im ganzen Esterbuch kommt das Wort Gott nicht einmal vor. Und doch ist dem Lesenden ganz klar, dass es Gott ist, der dieses höfische Intrigenspiel insgeheim für seine Zwecke nutzt, zur Rettung der Juden. Esters Selbstbewusstsein erhält den entscheidenden Kick, als sie in jenem zentralen Gespräch mit Mordechai erkennt: Dass ich Königin geworden bin, hat einen Sinn. Mein Leben dient einer höheren Absicht. Gott braucht mich. Mit traumwandlerischer Sicherheit balanciert sie von da an über die Abgründe höfischer Fallgruben, verfolgt unbeirrt ihren ausgeklügelten Plan zur Rettung der Juden.

Das Geheimnis des Gelingens lässt sich an Ester gut ablesen.

1. Ester hadert nicht mit ihrem Schicksal. Die Eltern zu verlieren, ohne Mutter aufzuwachsen, das ist kein leichter Start ins Leben. Sie nimmt es an als ihren Weg und als ihre Aufgabe, daraus etwas zu machen. Seine Kindheit annehmen, mit allem Schweren und Verqueren, ist ein wichtiger Schritt, um sich selbst anzunehmen. Wer seine Geschichte ablehnt, lehnt sich selbst ab. Denn meine Geschichte gibt mir meine ganz persönliche Prägung, und es ist mein Auftrag, daraus etwas Konstruktives zu machen. Ich mag mich, diese erste Säule des Selbstbewusstseins schließt ein: Ich mag mich in meinem Gewordensein.

2. Ester freut sich an ihren Stärken und baut diese aus. Nun kann man einwenden, die hatte es auch leicht, wo sie so schön war. Aber aus den ersten Seiten dieses Buches wissen Sie, dass es gerade hochattraktiven Menschen schwer fällt, sich in ihrer Haut wohl zu fühlen. Ester jammert nicht über das, was sie alles nicht hat und kann, sondern sie wuchert mit ihren Pfunden: Das, was sie gut an sich findet und was sie kann, baut sie aus und nimmt dafür auch kompetente Hilfe und Beratung in An-

spruch. Ich bin stolz auf mich, die zweite Säule des Selbstbewusstseins, das bedeutet auch: Es hat keinen Sinn, die Bereiche
meines Lebens weiterzuentwickeln, in denen ich schlecht bin.
Ich investiere in das, was ich gern mache und gut kann.

3. Ester steht ganz zu sich und ganz zu anderen. Sie kennt ihre
Rechte, weiß, was man als Königin darf und nicht darf, ist sich
ihrer Rolle in der höfischen Gesellschaft bewusst. Sie nimmt
gelassen in Anspruch, was ihr zusteht, sorgt für sich und lässt
andere für sich sorgen. Gleichzeitig nimmt sie Anteil am Ergehen anderer. Wer sich selbst gefunden hat, der kann auch loslassen und sich hingeben, sich mit Leib und Seele für andere
einsetzen. Durch ihren Glauben hat Ester zudem klare Werte,
an denen sie sich orientiert. Ich sorge für mich und für dich, die
dritte Säule des Selbstbewusstseins, hat dann letztlich auch mit
dem Satz von Jesus zu tun: „Wer sein Leben retten will, wird es
verlieren, und wer es verliert, wird es retten" (Luk. 17, 33).

4. Ester freundet sich mit den Menschen an, mit denen sie es sowieso zu tun hat. Ihr soziales Netz: die Gemeinschaft der Juden, und die neue Gemeinschaft im Harem und am Hof. Sie
pflegt sie beide, vergisst nicht, wo sie herkommt, ihren Adoptivvater, ihren Glauben, ihr Volk; auch nicht, als sie Königin
geworden ist. Und sie nutzt ihre neuen Beziehungen, stellt sich
gut mit dem Haremschef, steht auch mit ihren Dienerinnen auf
vertrautem Fuß. Nicht in plumper anbiedernder Vertraulich-
keit, und nicht so, dass sie ihnen gleich alles auf die Nase bin-
det: Dass sie Jüdin ist, erfahren ihre neuen Freunde erst zu
gegebener Zeit, als schon Sympathie gewachsen ist. Ich bin
wichtig, die vierte Säule des Selbstbewusstseins, das kann
heißen: Karriere machen, Unterschiede nicht verwischen und
trotzdem Beziehungen zu verschiedenen sozialen Schichten
pflegen, andere an meinen Sorgen teilhaben lassen, sie um
Gebet bitten oder mit ihnen beten. Ester kriegt das alles wun-

derbar zusammen, und als es darauf ankommt, stützen diese Beziehungen sie.

Mensch vor Gott

Carola Stern, die renommierte Journalistin, war früher eine selbstunsichere junge Frau, in vieler Hinsicht haltlos und in Schuld verstrickt. In einer tiefen Lebenskrise floh sie aus Deutschland, reiste in die USA, nach China, um dort schließlich zu begreifen: „Der Mensch kann vor Räubern, Unheil, Seuchen und Naturgewalten, Krieg und Verfolgung fliehen, nur nicht vor sich selbst." Sie traute sich nichts mehr zu, ihr Selbstwertgefühl lag völlig am Boden. Gärtnereigehilfin zu werden, das war das Einzige, wozu sie sich fähig fühlte. Zum Leitsatz wurde ihr schließlich der Ausspruch einer Mitpatientin beim Aufenthalt in einer psychiatrischen Klinik: „Wir können nicht darauf hoffen, dass uns die Angst verlässt. Wir müssen mit ihr leben lernen." Das wollte sie, und sie begriff im Laufe der Zeit, dass aus der Überwindung der Angst Energie entsteht. Ihre Karriere beim WDR begann bald nach dieser Krise. Später setzte sich die Rundfunkjournalistin für Verfolgte ein, gründete mit anderen die deutsche Sektion von Amnesty International. Wurde berühmt für ihre unverblümten politischen Kommentare.

Eine Frau mit Brüchen in ihrer Biografie, ein Mensch, der sich durchgekämpft hat. Der aus Schuld und Irrtum Nutzen zieht: „Versagen einzugestehen ist ein langer schmerzlicher Prozess. ... Ich bewahre aus den Erfahrungen meiner Jugend ein gehöriges Selbstmisstrauen." Und doch kann sie im Rückblick auf ihr Leben schreiben: „Wohlgefällig, ja fast stolz blicke ich auf meine zweite Lebenshälfte. ... Carola Stern, die Publizistin, mit der Zeit reich an Selbstwertgefühl und sich bewusst, wie es entsteht; geübt darin, ihre Lebensschäden zu heilen oder mit ihnen umzugehen;

fähig, mit der Angst zu leben, die Sucht nach Harmonie zu über-
winden, wenn Widerspruch, Protest vonnöten sind, glücklich über
Freundschaft, gelassen angesichts von Gegnern."[41]
Das Veilchen im Moose hat ausgeblüht. Schon Johann Wolfgang von Goethe lässt es einen sinnlosen Tod sterben, in seinem
Gedicht „Das Veilchen". Es steht auf der Wiese, „gebückt und
unbekannt", seufzt und sehnt sich, beachtet und gewürdigt zu
werden, wird jedoch achtlos zertreten von einer Schäferin.[42] Alle
seine Wünsche und Träume werden buchstäblich platt gewalzt,
und masochistisch zieht es daraus noch Trost: „und sterb ich
denn, so sterb ich doch durch sie, zu ihren Füßen noch". Goethe
kommentiert lapidar und auch irgendwie spöttisch: „Das arme
Veilchen."

Es ist nicht Gottes Gedanke, dass seine Menschen wie dieses
Veilchen eine ergebene Existenz führen und erbärmlich enden.
Dazu sind sie ihm zu kostbar. Allein schon mit den Blumen auf
dem Feld geht er äußerst sorgsam um, um wie viel mehr erst mit
den Menschen – er kennt jedes Haar auf ihrem Kopf (Matthäus
6, 28-29). Er sieht den und die Einzelne mit liebevollen Augen an,
schätzt sie hoch ein, hat sie ausgestattet mit einzigartigen Fähigkeiten. Jede und jeder ist mit Liebe von ihm geschaffen, mit jedem
hat er etwas Spezielles vor. Es ist eine Missachtung Gottes, wenn
Menschen sich selbst gering schätzen!

Und umgekehrt: Menschen, die sich gut finden, loben damit ihren grandiosen Schöpfer. Er hat den Menschen „wenig niedriger
gemacht als Gott, mit Ehre und Herrlichkeit" hat er ihn gekrönt,
heißt es in Psalm 8. Es ehrt Gott, wenn Menschen zu sich selbst
stehen. Wenn sie nicht ergeben Ja und Amen seufzen und sich pas-
siv nach Besserem sehnen, sondern fröhlich Halleluja singen und
erhobenen Hauptes ihren Weg gehen. Wenn sie ihr Leben nicht
erleiden, sondern gestalten.

Dietrich Bonhoeffer sagt: „Gott selbst verwandelt seine Gestalt in die Gestalt des Menschen, damit der Mensch zwar nicht Gott, aber Mensch vor Gott werde."[43] Mensch vor Gott, das gibt Menschen ihre Würde, bewahrt vor Minderwertigkeit wie vor Selbstüberschätzung. Wer glauben kann, kann beides in Balance bringen: Demut und Stärke.

Vier Säulen des Selbstbewusstseins, mit Gottvertrauen unterfüttert: Das gibt Menschen eine stabile Basis fürs Leben, befähigt sie zum aufrechten Gang.

Danke

- Diplompsychologin Karin Gebhard für kritische Durchsicht des Manuskripts und manche hilfreichen Verbesserungsvorschläge
- Pastorin Ruth Stieber und Pastor Johannes Kiuntke für ihr engagiertes Mitdenken
- Annemarie Schnitt für ihre eigens für dieses Buch geschriebenen Gedichte
- Unseren Kindern Nils, Brita und Nora, die so oft für Beispiele herhalten müssen und sich manchmal entschieden dagegen wehren müssen
- Freunden, Mitarbeiterinnen aus der Kirchengemeinde und Patienten, die uns erlaubten, ihre Erfahrungen zu veröffentlichen
- Unserer Lektorin Petra Hahn-Lütjen für die konstruktive Zusammenarbeit

Alle von uns in diesem Buch dargestellten Fallbeispiele haben wir bewusst verfremdet. Namen, Alter und äußere Umstände haben wir so verändert, dass niemand erkennbar ist und die ärztliche und seelsorgerliche Schweigepflicht nicht verletzt werden. Ähnlichkeiten mit lebenden Personen sind rein zufällig.

Jost Wetter-Parasie
Luitgardis Parasie
www.wetter-parasie.de

Anmerkungen

1 Zur Ehrenrettung der Lufthansa sei hier auch noch das Ende dieses Erlebnisses erzählt: Als meine Schwester in London von unserer Tochter hörte, dass sie auf dem Notsitz gesessen hatte, fragte sie bei der Lufthansa nach, ob das überhaupt rechtens sei bei einem achtjährigen Kind. Einige Tage später rief der Kapitän der Maschine bei uns an und entschuldigte sich: Er habe nicht gewusst, dass es sich um ein achtjähriges Kind gehandelt habe. Als Ausgleich erstattete die Lufthansa uns die Gebühr von 50 Mark, die wir für die Begleitung des Kindes bezahlt hatten.

2 Carola Stern, Doppelleben, Rowohlt Taschenbuch Verlag Hamburg, 4. Aufl. 2004, S. 296

3 James, W.: The principles of psychology. NewYork 1890

4 McGuire, W. J. & McGuire, C.V.: Enhancing self-esteem by directed-thinking tasks: Cognitive and affektive positivity asymmetries. in: Journal of Personality and Social Psychology, 70. 1117–1125, 1996

5 Schütz, Astrid: Je selbstsicherer, desto besser? Licht und Schatten positiver Selbstbewertung, Weinheim/Basel 2005, S. 28

6 Schütz, Astrid: Je selbstsicherer, desto besser? Licht und Schatten positiver Selbstbewertung, Weinheim/Basel 2005, S.5

7 Berscheid, E. u Walster, E. (1974). A little bit about love. In T. Houston (Ed.), Foundations of interpersonal attraction S. 688–712. New York: Academic Press, zit. nach: Schütz, Astrid: Je selbstsicherer, desto besser? Licht und Schatten positiver Selbstbewertung, Weinheim/Basel 2005, S.17

8 Schütz, Astrid: Je selbstsicherer, desto besser? Licht und Schatten positiver Selbstbewertung, Weinheim/Basel 2005, S. 17

9 Schütz, Astrid: Psychologie des Selbstwertgefühls: von Selbstakzeptanz bis Arroganz. Stuttgart 2000, S. 62ff

10 Lord Richard Layard ist Direktor des Center for Economic Performance an der London School of Economics. Seine Studien zur Arbeitslosigkeit waren die Grundlage einer Maßnahme der englischen Regierung zur effektiven Reduktion der Arbeitslosenzahlen.

11 abgewandelt nach: Potreck-Rose, Friederike und Jacob, Gitta: Selbstzuwendung Selbstakzeptanz Selbstvertrauen, Stuttgart 2. Aufl. 2004

12 vgl. Potreck-Rose, Friederike und Jacob, Gitta: Selbstzuwendung Selbstakzeptanz Selbstvertrauen, Stuttgart 2. Aufl. 2004, S. 70–82

[13] in Brigitte Extra 4 2006, S. 15

[14] Jürgen Knop, in Evangelische Zeitung vom 3.9.2000, S. 12

[15] Potreck-Rose, Friederike und Jacob, Gitta: Selbstzuwendung Selbstakzeptanz Selbstvertrauen, Stuttgart 2. Aufl. 2004, S. 84

[16] Jost Wetter-Parasie und Luitgardis Parasie, Nutze deinen Stress – Ausgeglichen leben, Edition Anker Stuttgart 2000, Auslieferung durch Brunnen Verlag Gießen

[17] Johannes 12,1-8 und Markus 14,3-9

[18] im Griechischen steht hier *litra* = römisches Pfund = 327,45g (vgl. Walter Bauer, Wörterbuch zu den Schriften des Neuen Testaments, Berlin 5. Auflage 1963, S. 939); die echte Narde stammt ursprünglich aus dem Himalaya und angrenzenden Gebieten

[19] aus: Potreck-Rose, Friederike und Jacob, Gitta: Selbstzuwendung Selbstakzeptanz Selbstvertrauen, Stuttgart 2. Aufl. 2004, S. 134f

[20] Dale Carnegie (1888–1955), eigentl. Dale Carnagey, amerik. Rhetoriklehrer u. Unternehmensberater

[21] de.wikipedia.org/wiki/Renate_Schmidt

[22] Tabelle übernommen aus: Rüdiger Hinsch und Ulrich Pfingsten: Gruppentraining soziale Kompetenz GSK, 4. Aufl. Weinheim 2002, S. 4f

[23] vgl. Rüdiger Hinsch und Ulrich Pfingsten: Gruppentraining soziale Kompetenz GSK, 4. Aufl. Weinheim 2002 und: Hinsch, R. & Wittmann, S.: Soziale Kompetenz kann man lernen. Weinheim 2003

[24] Rüdiger Hinsch und Ulrich Pfingsten: Gruppentraining soziale Kompetenz GSK, 4. Aufl. Weinheim 2002, S. 135

[25] nach: Rüdiger Hinsch und Ulrich Pfingsten: Gruppentraining soziale Kompetenz GSK, 4. Aufl. Weinheim 2002 und: Hinsch, R. & Wittmann, S.: Soziale Kompetenz kann man lernen. Weinheim 2003, S. 156

[26] Karl Gebauer und Gerald Hüther: Kinder suchen Orientierung, Düsseldorf/Zürich 2002, S. 12

[27] Gerald Hüther: Die Evolution der Liebe, Göttingen 1999; Gerald Hüther: Bedienungsanleitung für das menschliche Gehirn, Göttingen 2001

[28] Furmann, Ben: Es ist nie zu spät, eine glückliche Kindheit zu haben, Dortmund 2001, 3. Auflage

[29] Werner Tiki Küstenmacher: simplify your life, Frankfurt / New York 10. Aufl. 2003, S. 231

30   T. D. Little u.a.: Childrens action-control beliefs about school perfor-
     mance: How do American children compare with German and Russian
     children? Journal of Personality and Social Psychology, 69, 1995,
     S. 686–700 zit. nach: Astrid Schütz, Je selbstsicherer desto besser?
     Weinheim/Basel 2005, S. 94f

31   vgl. Astrid Schütz, Je selbstsicherer desto besser? Weinheim/Basel 2005,
     S. 94

32   vgl. Astrid Schütz, Je selbstsicherer desto besser? Weinheim/Basel 2005,
     S. 94

33   Ecce homo ist sein vorletztes Werk, das er Ende 1888 in Turin schrieb.
     Nietzsche ist im August 1900 gestorben.

34   David A. Dunning ist Professor für Sozialpsychologie an der Psycholo-
     gischen Fakultät der Cornell University in Ithaca (N.Y.)

35   Friedrich Schiller, Die Jungfrau von Orléans (III/6)

36   vgl. Astrid Schütz, Je selbstsicherer desto besser? Weinheim/Basel 2005,
     S. 106

37   www.lustich.de

38   zit. nach: Schütz, Astrid: Je selbstsicherer, desto besser? Licht und
     Schatten positiver Selbstbewertung, Weinheim/Basel 2005, S. 52

39   Maria Aarts: Marte Meo. Ein Handbuch. Harderwijk Niederlande
     2002

40   Purim bedeutet Los – wegen der Lose, die Haman, ‚Ministerpräsident‘
     des Königs Achaschwerosch [= Xerxes I, 486–465 v. Chr.] von Persien,
     ziehen ließ, um den Tag zu bestimmen, an dem die Juden des Landes
     vernichtet werden sollten.

41   Carola Stern, Doppelleben, Rowohlt Taschenbuch Verlag Hamburg,
     4. Aufl 2004, S. 307–308

42   Johann Wolfgang von Goethe, Das Veilchen

Ein Veilchen auf der Wiese stand
Gebückt in sich und unbekannt;
Es war ein herzig's Veilchen!
Da kam ein' junge Schäferin
Mit leichtem Schritt und munterm Sinn
Die Wiese her und sang.

Ach! denkt das Veilchen, wär' ich nur
Die schönste Blume der Natur,
Ach, nur ein kleines Weilchen,

Bis mich das Liebchen abgepflückt
Und an dem Busen mattgedrückt,
Ach, nur ein Viertelstündchen lang!

Ach, aber ach, das Mädchen kam
Und nicht in Acht das Veilchen nahm,
Es trat das arme Veilchen!
Es sank und starb und freut sich noch:
„Und sterb ich denn, so sterb ich doch
Durch sie, zu ihren Füßen doch!"
Das arme Veilchen!
Es war ein herzig's Veilchen!

[43] Dietrich Bonhoeffer, Ethik, hg. v. Ilse Tödt, Heinz Eduard Tödt, Ernst
Feil und Clifford Green, DBW 6, München 1992, S. 83

Weitere Bücher der Autoren

Angst in Kraft verwandeln

Ein Ratgeber
136 S., Paperback,
ISBN 978-3-7675-1188-6

Das Thema „Angst" wird immer bedeutender. Viele Menschen leiden unter Angststörungen, ohne sie zunächst als solche zu erkennen. Der vorliegende Ratgeber macht Mut, sich zur Angst zu bekennen und mit ihr umzugehen. Anhand biblischer Geschichten, von Beispielen aus Kunst und Literatur und zahlreicher Fallbeispiele werden verschiedene Arten der Angst erläutert und Möglichkeiten zu ihrer Überwindung aufgezeigt.

Nutze deinen Stress!

Ausgeglichen leben

176 S., Paperback mit CD
ISBN 978-3-7675-7060-2

Neue Wege zu einem ausgeglichenen Leben! Lernen Sie, Stress als
wichtige Energiequelle zu nutzen! Dieser Ratgeber zeigt Ihnen,
wie Sie neue Energien erschließen und den richtigen Ausgleich finden können. Dabei werden viele Methoden ausführlich vorgestellt und aus christlicher Sicht bewertet. So hilft Ihnen dieses
Buch auch, falsche Ängste zu überwinden.

Mit Entspannungs-CD von David Plüss!

Der Apfel fällt nicht weit vom Stamm?

Wie unsere Familie
unser Leben bestimmt

192 S., Paperback,
ISBN 978-3-7675-7063-7

Vieles, was wir in der Kindheit erfahren und erleben, prägt uns für unser ganzes Leben. Aber stimmt es, was das Sprichwort sagt? Fällt der Apfel wirklich nicht weit vom Stamm – oder sind wir trotz aller Prägungen durch die Familie frei genug, um unser eigenes Leben zu führen?

Dieser Ratgeber zeigt, welche Probleme im System Familie entstehen können und welche Lösungsansätze möglich sind. Er erzählt von Menschen, die Auswege aus problematischen Familienprägungen gefunden haben. Anhand praktischer Beispiele und Übungen können die Leser schließlich erste Einstiege in ihre eigene Familiengeschichte wagen.